De dhows van Sur

Ada Rosman-Kleinjan

De dhows van Sur

op reis door Oman

Foto voorkant: in de souk van Nizwa
Foto achterkant: dhow op de bootwerf van Sur
(dhow: traditioneel Arabisch schip)

Copyright © Ada Rosman-Kleinjan*reizen en schrijven
1e druk 2017

4e kleintje **Wombat**. Verre bestemmingen dichtbij
Wombat reisboeken
www.adarosman.nl / info@adarosman.nl

Herstellung und Verlag:
BoD – Books on Demand, Norderstedt
ISBN 9 783741 288166
NUR 508

fotografie: Jan Rosman
ontwerp landkaart: Ton van der Last
ontwerp omslag en opmaak: Wim Wisman en Ada Rosman-Kleinjan

Alle rechten voorbehouden, niets uit deze uitgave mag worden verveelvoudigd, opgeslagen in geautomatiseerde gegevensbestanden, vertaald worden in een andere taal of openbaar gemaakt in enige vorm of op enige wijze, hetzij elektronisch, mechanisch, door fotokopieën, opnames, of op enigerlei andere manier, zonder voorafgaande schriftelijke toestemming van de auteur.

*I*nhoud

Lange rokken en korte broeken *9*
Honderdduizend olifanten *12*
Oud-Dubai *19*
Het paleis van de sjeik *24*
De grens over... *29*
Kamelen en moskeeën *35*
De oudste souk van Oman *56*
Naar Nizwa *63*
Burqa's en burchten *66*
Een nieuwe kaart *72*
Tussen de dadels *75*
De Grand Canyon van Oman *82*
Naar de kust *87*
Geniet van mijn land *90*
Terug in Muscat *96*
Tempels en kerken *101*
Oman op zijn mooist *107*
Volg ons maar *112*
Naar Abu Dhabi *117*
De allermooiste moskee van de wereld *122*
Abu Dhabi *127*

Literatuurlijst

'Het nut van reizen is dat men de dingen ziet zoals ze zijn, in plaats van te denken hoe ze kunnen zijn'

Samuel Johnson (Engels schrijver 1709-1784)

Voorwoord

*W*anneer je vertelt dat je een reis gepland hebt naar het Midden-Oosten, worden er vele wenkbrauwen gefronst.
Mm, het Midden-Oosten ligt niet in ieders planning. Het Midden-Oosten dat vaak zo negatief in het nieuws komt, het Midden-Oosten waar altijd wel wat aan de hand is. Maar… er is ook een Midden-Oosten waar het rustig is, waar veel te genieten valt, denk aan Jordanië.
Toch komt een reiziger vaak in dit gebied, op weg naar Down Under of zuidelijk Afrika. Ook wij zijn al vele malen op de vliegvelden van Dubai, Abu Dhabi en Doha geweest. Het werd de hoogste tijd om eens van zo'n groot internationaal vliegveld af te stappen, om verder te kijken, om zelf te ontdekken, om zelf rond te rijden.
We begonnen met Dubai, regelden daar een huurauto, om vervolgens door te reizen naar Oman en Abu Dhabi.

Kom, ga mee, stap in de auto en verwonder je, samen met ons.

Ada Rosman-Kleinjan

Lange broeken en korte rokken

*I*k schuif het gordijn open en kijk naar buiten om te zien wat mijn seksegenoten aan hebben. Een modern geklede vrouw, rok tot op de knieën, loopt gehaast door de straat. Ik haal de jurkjes uit mijn tas en zoek er eentje uit: vanaf vandaag elke dag rokjesdag. De lucht is smurfenblauw en de dag in Dubai komt aarzelend op gang.
We lopen de stad in waar het op een vrijdag net zo rustig is als op een Hollandse zondag. Auto's stoppen onmiddellijk wanneer we maar een teen op het asfalt zetten. Gesluierde vrouwen lopen hand in hand met hun geliefde. Sommige westerse vrouwen dragen een korte broek, Aziatische vrouwen lopen in strakke kleding, die weinig tot niets aan de verbeelding overlaat, naar hun werk. Mijn verwarring is compleet.
'Kleed je niet te bloot, bedek je schouders en je rok moet echt royaal over je knieën vallen,' zegt 'men'.
Zoals zo vaak zit 'men' er totaal naast. Uiteraard gaan de meeste vrouwen zo gekleed, maar de eerste uren zie ik meer vrouwen in een korte broek dan in een *abaya*. Nog maar een paar uur in Dubai en nu al moet ik mijn beeld bijstellen.

Moderne gebouwen, kolossen van staal, beton en glas domineren het straatbeeld. Op terrassen zitten mensen te ontbijten. Mannen gaan veelal gekleed in de lange witte jurk: de *dishdasha*, vaak een rood-wit geblokte hoofddoek elegant om het hoofd gedrapeerd met een zwart, dik koord dat ervoor moet zorgen dat ie netjes blijft zitten.

De meeste mensen zijn op weg naar de moskee. De vrijdag is de dag om de moskee te bezoeken. Kleine jongetjes zien er stoer uit in hun witte dishdasha's en dragen vaak een wit mutsje op hun zwarte haren. Ver lopen naar een moskee is er niet bij, de keuze is reuze en overal doemt wel een moskee op. Dubai met bijna twee miljoen inwoners heeft duizenden moskeeën, gebedsruimtes in scholen en op werkplekken.

Dubai is jaren geleden de strijd met de woestijn aangegaan, de bouwlust is ongekend, en is vastbesloten om als winnaar uit de bus te komen. Het schijnt dat één op de vier hijskranen in de wereld in deze stad staat. Dubai zal alles wat nodig is inzetten om het zand de baas te blijven. Dubai is de op een na grootste van de zeven emiraten die weer met elkaar de Verenigde Arabische Emeritaten vormen. Het gebied is wat grootte betreft te vergelijken met het Spaanse eiland Mallorca.

Toch is 95 procent van Dubai nog steeds zand en dat zorgt er weer voor dat de meeste mensen in Dubai-stad en de directe omgeving wonen. Dubai is rijk, walgelijk rijk en werken laat men graag aan anderen over. Van alle inwoners is maar tien procent autochtoon. De meeste mensen zijn expats die hier werken en wonen om zo hun families thuis te kunnen onderhouden. Veel arbeiders komen uit Pakistan, Maleisië, Sri Lanka, Filippijnen, India of Egypte. De Dubainaren zijn inmiddels een minderheid in eigen land.

De stad is aangenaam schoon -er staan strenge straffen op het weggooien van afval- de stoepen zijn breed en we lopen relaxed rond. Arabische reclames, veelal vergezeld van een Engelse ondertiteling moeten de mensen verleiden om hun geld uit te geven. Iedereen heeft de nieuwste mobiel, Wi-Fi danst onzichtbaar en snel door het land. Alle grote Amerikaanse fastfoodketens zijn hier aanwezig. De kennismaking is verwarrend. Ik ben in het Midden-Oosten; de regio die vooral negatief in het nieuws komt, vaak ook terecht. Maar lopend in deze moderne stad, waar alles te koop is wat een mens maar kan bedenken, is de onrust ver weg.

De metro vervoert alle reizigers functioneel en op tijd, de *muezzin* roept op melodische toon de gelovige op tot het gebed en een bescheiden, zalmroze kerk staat wat verloren maar fier tussen alle gebouwen. Moslimmannen laten hun gebedskralen routineus door hun vingers glijden. Kindermeisjes uit India en Sri Lanka in hun felgekleurde *sari's* duwen wandelwagens voort. Jonge, Aziatische meiden in strakke, korte broeken giechelen met elkaar. Totaal in zwart geklede vrouwen doen hun boodschappen, toeristen begeven zich overal tussendoor, de zon zorgt voor een bijzonder aangename temperatuur en schijnt voor iedereen hetzelfde, ongeacht geloof, ras of afkomst.

Honderdduizend olifanten

'*I*k zou wel kaartjes reserveren voor de Burj Khalifa,' adviseerde vriendin Patrice. Zij is eigenaresse van Travelkid en heeft ook Dubai en Oman op haar programma-aanbod. Voor haar een kleine moeite en voor ons een prettig idee dat we niet voor een uitverkochte toren staan. Dubai bezoeken zonder op haar hoogste gebouw, op dit moment ook het hoogste gebouw van de wereld, te staan is uitgesloten. Met ons bezoek aan deze toren gaat er een lang gekoesterde wens van Jan in vervulling.

We laten voor een paar dagen een tegoed op onze metrokaartjes zetten; na één dag heeft het metrosyteem van deze stad voor Jan geen geheimen meer. Op tijd stappen we in de metro, we willen absoluut niet te laat komen. De metro brengt ons snel bij de grote Dubai Mall en dan begint het lopen pas. Het allergrootste winkelcomplex van de wereld, in Dubai gaat alles in superlatieven, moeten we bijna helemaal door. De mall waar behalve heel veel winkels, ook een groot aquarium, een skipiste en een ijsbaan zijn. Overal wordt nog gebouwd, wat ook niet echt helpt om de weg te vinden, raken daardoor soms hopeloos de weg kwijt, maar gelukkig wijzen behulpzame mensen ons weer in de juiste richting. Eindeloze gangen met rolpaden, lopen met ondersteuning zullen we maar zeggen, en een bijzondere summiere bewegwijzering zorgen er uiteindelijk toch voor dat we ons net op tijd kunnen melden. Bij de balie lever ik de vouchers in voor de tickets.

'Vind het wel opvallend dat dit superhoge, bekende gebouw, dat door de hele stad te zien is, zo slecht aangegeven is,' mopper ik.
Met mijn gebrek aan richtingsgevoel zie ik eerder beren op de weg dan aanwijzingen.

In precies een minuut zoeven we geruisloos met de lift naar de 124e verdieping waar we onmiddellijk worden gegrepen door de wereld om ons heen. Door enorme ramen kijken we 454 meter naar beneden waar Dubaistad aan onze voeten ligt en laten we het goed tot ons doordringen dat we nu op het aller, allerhoogste gebouw van de wereld staan. Een certificaat van het Guinness Book of Records hangt ingelijst aan een van de wanden.
Na jaren van bouwen werd het gebouw op 4 januari 2010 officieel geopend. Deze *burj*, wat toren betekent, is meer dan achthonderd meter hoog en vanaf een afstand lijkt het gebouw op een enorme blokkentoren die taps toeloopt. Een kolos van glas en staal.
De cijfers zijn indrukwekkend: 163 etages, 57 liften, veel kantoren, appartementen, clubs, restaurants, zwembaden, een hotel en natuurlijk een souvenirwinkel waar tegen belachelijke hoge prijzen (alsof men in stijl wil blijven) voor de hand liggende souvenirs worden verkocht. Ik koop een hele foute, goudkleurige kerstbal.
Wat opvalt, wanneer ik zo over deze stad heen kijk, is het gebrek aan kleur. Een gebouw, dat wel wat wegheeft van het Chryslergebouw in New York heeft een mooie turkooizen puntdak, verder overheerst het chroom, het glas en het beton. Slanke minaretten, veelal van zandkleurige moskeeën, steken als breekbare lucifershoutjes dapper in de lucht en zorgen voor een verfijnde afwisseling tussen alle kantoren en gebouwen. Op de wegen rijden grote au-

to's, een zeldzame fietser beweegt zich tussen het verkeer en zo ver ik kan kijken zie ik zand, zand en nog eens zand. Conclusie: Dubai ligt gewoon in een reuze zandbak!
Het gebouw beweegt heel lichtjes, zou dit niet het geval zijn dan zou het niet meer overeind staan maar allang afgebroken zijn. Ooit heeft iemand dus het idee gekregen, kom laten we het hoogste gebouw van de wereld hier in Dubai gaan bouwen. Alles begint altijd met een idee.
Het is leuk om naar alle bezoekers te kijken. Mensen komen werkelijk overal vandaan, en wringen zichzelf in de meest onmogelijke positie om maar een zo'n gunstig mogelijke selfie te maken.

'Mag ik een foto van uw handen maken?' vraag ik aan een jonge moslimvrouw.
Haar handen zijn sierlijk beschilderd met henna. Ze knikt en steekt haar handen direct naar voren. Haar man vindt mijn interesse leuk. Bereidwillig draait ze haar handen zodat ik alles goed kan bekijken. Gouden armband om haar pols, ringen om haar vingers. De paarse diamant in de ene ring is niet te missen. Elke vinger is ragfijn beschilderd. Haar nagels zijn naturel, maar de eerste vingerkootjes zijn door de inkt bijna helemaal zwart. Elke hand is verschillend beschilderd. Arabische vrouwen laten handen en voeten al eeuwenlang met henna beschilderen. Uit de blaadjes van hennaplanten wordt poeder gewonnen. Dit wordt met lekker ruikende olie en limoensap tot een pasta geroerd. Dit mengsel wordt vervolgens in een spuitzakje gedaan. Ervaren mensen brengen dan gracieuze patroontjes aan op handen en voeten. Filigraanpatronen. Eenmaal aangebracht duurt het weken voordat ze verbleken om uiteindelijk helemaal te ver-

dwijnen. Natuurlijke tatoeages die ook weer op een natuurlijke manier verdwijnen. Haar elegante handen vormen een bizar contrast met de stalen wereld om me heen.

We lopen een paar rondjes en zien iedere keer weer iets anders. Op mijn entreekaartje lees ik dat in deze toren, omgerekend, het gewicht van honderdduizend olifanten aan beton is verwerkt.
'Hoeveel weegt een olifant?' vraag ik aan Jan.
Daar moeten we beiden weer lang over nadenken. Je hebt de wat kleinere, Aziatische olifant, maar je hebt ook de enorme dikhuiden zoals we die zo vaak in het Etoshapark in Namibië hebben gezien. Dat is me nogal een verschil. En zo roept de ene vraag weer een andere vraag op.
We laten ons weer naar beneden zoeven, gaan op zoek naar een mooi terras en vinden dat na een bezoek aan het hoogste gebouw van de wereld een cappuccino met een pistachenotengebakje wel op zijn plaats is. Er is altijd wel een excuus. Vanaf ons terras hebben we een schitterend uitzicht op het zilveren gebouw, de blauwe luchten en de glanzende zon.

Door de grote mall lopen we naar buiten en gaan op zoek naar een taxi die ons -volgens kenners- naar de mooiste moskee van Dubai kan brengen: de Jumeirahmoskee.
De winkels verkopen weinig dat mij aanspreekt. De westerse smaak en de Arabische smaak liggen echt ver uit elkaar. Lange jurken met bijpassende hoofddoeken. Etalagepoppen dragen jurken die allemaal weelderig zijn versierd met gouden borduursels. Veel goud met een rode glans. Een traditioneel uitziend echtpaar, hij in het wit, zij in het zwart, lopen hand in hand voorbij. Plafonds bestaan uit bogen en grote kroonluchters wiegen zachtjes

heen en weer. Overal kun je wat eten en drinken. In schalen ligt felgekleurd zand zo fijn als poedersuiker. In glazen flesjes wordt met dit zand allerlei afbeeldingen gemaakt. Vind het knap handwerk maar niet iets dat mee naar huis moet.

De taxichauffeur komt uit Pakistan.
'Is Holland dicht bij Polen?' wil hij graag weten.
Zijn zoon studeert in Polen. 'Duitsland is het beste land van de wereld,' gaat hij verder.
Zijn Engels is erg slecht, de man praat erg graag en erg veel en we slaken een zucht van opluchting wanneer we er zijn.
Op het informatiebord bij de moskee staat: *Open doors. Open minds...* Helaas zijn voor ons de deuren gesloten.
Jammer genoeg zijn we te laat voor de rondleiding. Er zijn zo weinig moskeeën waar je als niet-moslim welkom bent, en dit schijnt van binnen een juweeltje te zijn. Het gebouw is aan de buitenkant beeldschoon; het ivoorkleurige marmer is sierlijk bewerkt. Drie kleuren domineren hier de omgeving: het ivoren gebouw, de blauwe lucht en de groene bomen.
Een oudere man zit tegen een pilaar, hij speelt met zijn telefoon. Schoenen staan netjes op een rij en mannen wassen hun voeten voordat ze naar binnen gaan. Er zijn weinig vrouwen te zien. Vrouwen belijden hun geloof veelal thuis. Een andere man in het zwart met een lange baard neemt alle tijd om foto's te maken. Op zijn hoofd een onberispelijk wit mutsje. Deze *kumma* komt van oorsprong uit Zanzibar. Zoveel hoofden, zoveel verschillende hoedjes of mutsjes. Er zit verschil in kleur, patroon en zelfs hoe het op je hoofd staat kan verschillen. Met een plooi, een punt naar voren of wat nonchalant op je hoofd.

Grappig, men heeft een bepaalde klederdracht in een land en toch wil iedereen zijn of haar eigen draai eraan geven. Mensen willen zich altijd weer onderscheiden van een ander, ook al is het subtiel en lijkt veel kleding zo op het eerste oog allemaal gelijk. Hoe scherper ik kijk, hoe meer verschillen ik zie. Ik snap dat als geen ander, niemand wil er tenslotte als die ander uitzien. Ik heb alle tijd om de man van een afstandje te bekijken. Een moderne bril onderscheidt hem weer van de anderen. Het is leuk om te zien hoe creatief men binnen de regels is.

Met de bus gaan we terug. Onze metrokaart is ook geldig voor de bussen en niet veel later zitten we geriefelijk in een moderne bus en kijken naar de wereld om ons heen.

'Als je hier blijft zitten en er komt controle dan krijg je een flinke boete,' zegt een jonge Aziatische vrouw die tegenover ons gaat zitten, tegen Jan.

Ze wijst naar het bordje *'Ladies & Families Only'*; een bordje dat we totaal over het hoofd hebben gezien. Jan staat op en loopt naar de gemengde afdeling waar iedereen mag zitten. Een hekje scheidt ons nu van elkaar.

Als 's avonds alle lampen aan gaan, die overdag onzichtbaar zijn, ziet het hele centrum van de stad er sprookjesachtig uit en komt ook de autochtone bevolking massaal tevoorschijn. En... zij geven geld uit, veel geld. Vraag ik me overdag wel eens af wie wat koopt in al deze winkels met veel personeel die wat rondlummelen, dan krijg ik nu het antwoord. In zwart gehulde vrouwen geven het geld uit. Sieraden zijn populair en ook mooie kleding die verborgen blijft onder de zwarte abaya.

Van sommige westerse vrouwen zou ik bijna willen dat zij zich ook in deze donkere jassen zouden kleden. Want wat lopen sommige vrouwen er toch ronduit smakeloos bij. Het maakt werkelijk niet uit welk figuur je hebt, of waar je vetrolletjes ook allemaal mogen zitten, smaakvol gekleed gaan kan altijd. Sommige mensen kennen geen remmingen als ze op vakantie zijn. Maar goed, als zij er zelf geen probleem mee hebben... Het heeft beslist iets dat deze stad alle vrouwen de ruimte geeft om zich te kleden zoals de vrouwen dat zelf willen, of dat nu een spannend, kort broekje is of een alles verhullende jas.

Met een milkshake gaan we op het terras van de Five Guys zitten en samen met duizenden anderen kijken we naar spuitende fonteinen, een stad waar het daglicht verdwijnt en waar lampjes in palmbomen voor sfeer en meer zorgen. De ongenaakbare stalen gebouwen lichten op, en er ontstaat een gezellige, beschaafde sfeer.
Twee in zwart geklede vrouwen zitten aan het tafeltje naast ons. De ene vrouw maakt foto's van een westerse moeder en haar dochter die naar het spektakel kijken en met hun rug naar de vrouwen toe staan. De dochter heeft lang blond haar. Ze maakt de de ene na de andere foto van de moeder en vooral van het meisje met de lange haren. Ze lacht wat besmuikt naar mij als ze ziet dat ik het zie.

Oud-Dubai

*H*et lukt het personeel van het Eureka-hotel nog niet om het douchewater op een aangename temperatuur te krijgen. Het eenvoudige hotel staat in het Deira district en blijkt een prima keuze. Het kon misschien een tikkeltje schoner, maar het personeel is erg vriendelijk en behulpzaam, Wi-Fi knalt door het gebouw en het bed is perfect. Een rustige wijk met kantoren, appartementen, winkels, restaurants en een metrohalte op driehonderd meter afstand. Alleen het warme water... Ach, terwijl in Nederland code oranje van kracht is in verband met spekgladde wegen, mopper ik niet over een letterlijk koude douche. Hier is het wel elke dag gegarandeerd minimaal vijfentwintig graden, zijn er blauwe luchten en is er een wereldstad waar veel te genieten valt. Die zeldzame regenbui die het land weleens krijgt, schijnt er dan ook gelijk een dikke puinhoop van te maken. De wegen zijn er niet op berekend, de mensen niet en het afwateringsysteem al helemaal niet. Ik ga ervan uit dat er in januari geen regen valt.

De metro brengt ons snel naar de halte Al Ras. Een man, duidelijk een toerist, heeft geen idee dat hij in de vrouwencoupé zit, totdat een vrouw hem er fijntjes op wijst. Hij springt in de benen en verdwijnt schielijk naar de mannenkant. Het is hem niet kwalijk te nemen. Ook wij hadden eerst geen idee, maar zijn ondertussen echte routiniers en weten precies waar we in mogen stappen.
We lopen naar de kade van The Creek waar houten boten, tot de nok toe gevuld met lading, aan de wal liggen.

Bij een klein Indiaas restaurantje bestellen we een vegetarische wrap met sla en ei: wat lekker! Tot groot plezier van de kok bestellen we er nog eentje. Ook de zoete cappuccino smaakt top.
Het uitzicht op de kade is genieten van boten die ooit zijn beschilderd in verschillende tinten blauw. De verf bladdert overal af. De bemanning, allemaal Indiërs, werken erg hard en tillen lasten op hun gebogen ruggen die geen mens zou moeten tillen. In enorme grijze plastic balen zit kleding, voor zover ik het kan zien. Ingezameld in westerse landen? Waar gaat het naartoe? Dubai is zo rijk, die hebben echt geen afgedankte kleding nodig. Vragen waar ik geen antwoord op krijg. Kleine, houten bootjes varen het water over en fungeren als veerboten. Voor één *dirham* kun je mee met deze *abra's*. Prima geregeld. We zijn snel aan de overkant en komen zo als vanzelf in het oudre deel van de stad. De ronde koepels van de Grote Moskee zijn al te zien.
We lopen de souk in waar om de twee meter iemand staat, die dolgraag wil dat we een horloge of een merktas kopen. Gegarandeerd honderd procent nep. Alle bekende wereldmerken zijn te koop; voor mij als leek niet van echt te onderscheiden. De verleiding is groot om voor veertig euro een echte nepperd aan te schaffen. Toch maar niet.

Als vanzelf lopen we door naar de Bastaiyawijk. Net op tijd heeft Dubai ingezien dat naast alle moderne ontwikkelingen en de ontembare bouwlust, het ook een goede zaak was om het oude te waarderen en zo nodig op te knappen. In deze wijk zijn aan het begin van de twintigste eeuw door Perzische kooplui huizen van leem en koraalsteen gebouwd. Het ziet er mooi uit, een beetje te mooi; het leeft niet echt. In de circa dertig huizen zijn nu veelal winkels, restaurants, hotels, galeries en een museum gevestigd. Wanneer er mensen wonen, leven en werken, leeft een wijk, is er meer dynamiek. Ik heb een beetje het gevoel in een filmdecor te lopen. Maar, het is er aangenaam lopen en loeren.

Een ander bootje brengt ons weer snel terug naar de overkant, waar we zo door lopen naar de goudsouk. De toren van het Al-Fahida-fort is niet te missen. Ook weer gebouwd in de zandkleurige stenen. Het fort is nu een museum. Het staat er een beetje verloren, als bewijs van wat ooit was en is zo te zien prima gerestaureerd.
Op een van de banken in de souk zitten drie in het wit geklede, oudere moslimmannen. Een lange dishdasha om het lijf, een witte doek om het hoofd geknoopt, de blote voeten in leren slippers gestoken, alledrie een snor en alledrie knikken ze minzaam op mijn vraag of ik een foto mag maken. Vragen staat vrij en zo krijg ik weer de bevestiging dat de meeste mensen aardige mensen zijn.
De goudsouk doet zijn naam eer aan. Allemachtig wat een goud én zilver. Naar mijn smaak geen mooi goud, de koperen glans doet wat goedkoop aan en is duidelijk gericht op een andere smaak. Moeiteloos lopen we langs alle etalages en negeren alle proppers die vinden dat we toch even naar binnen moeten komen om te kijken. Wie weet, wordt kijken dan wel kopen. Grote sieraden, die het hele bovenlichaam bedekken, hangen uitgestald op poppen in de etalages van de goudwinkels. Kilo's aan goud. Zouden de vrouwen dat nu echt onder hun zwarte jassen dragen? Of alleen thuis in de privésfeer? Een mens zou omtuimelen met zoveel goud op het lijf.

Plastic hoofden laten de laatste mode op hoofddoeken gebied zien en grote zakken zijn gevuld met kruiden, noten en voor ons raadselachtige, onbekende producten. Glazen mozaïeklampjes staan uitgestald op de vloer. Her en der staan houten banken; we gaan zitten en laten het soukleven graag aan ons voorbij trekken. Een oudere man struikelt licht en trekt zo mijn aandacht. Zijn vrouw kijkt opzij en ik kijk haar aan en schrik. Zij draagt een gezichtsmasker. Dunne koperkleurige reepjes liggen als een streep op haar voorhoofd, lopen door over haar neus en vandaaruit bedekt het volledig haar mond. Zou dat nu echt metaal zijn? Dat kan toch niet, dat is toch vreselijk heet in de zon? Volgens mij kijk ik geschokt. Voordat ik Jan zacht aan kan stoten is het echtpaar alweer verder gelopen. Ik had erover gelezen en er plaatjes van gezien, maar om het nu zo in het echt te zien, vind ik gewoon heftig. Het is net alsof haar de mond is gesnoerd. Is het nu een sieraad of een vorm van een gezichtssluier?

Hoewel de souks in Dubai niet zo dynamisch zijn als in Marokko of in Turkije, boeien ze genoeg om relaxed rond te lopen, te zitten, te kijken, te fotograferen. We genieten van een leven dat toch weer heel anders is, ondanks het grote geld, dan onze wereld. Natuurlijk wil iedereen graag wat verdienen; meestal is een vriendelijk maar duidelijk 'nee' van onze kant voldoende om met rust gelaten te worden. Er komt immers altijd wel weer een andere toerist aanlopen.

De metrostations zijn schoon, uitermate punctueel en vervoeren elke dag duizenden en duizenden mensen. Er zijn schone toiletten, waar bordjes de bezoeker erop wijzen

dat het niet de bedoeling is om kleding of ander afval door het toilet te spoelen. Waarvan akte.
Sommige stations zijn opgesierd met mooie afbeeldingen uit het dagelijkse leven.
Alles gaat netjes en gedisciplineerd en na een paar dagen weten we nu ook dat er een luxe wagon is voor de Golden Class, waar wij per ongeluk instappen en ons verbazen over de ruimte. Zo langzamerhand ontrafelen we alle mysteries van het reizen met de metro. Roltrappen brengen mensen snel van het ene perron naar het andere. Alleen is de roltrap die ons iedere keer weer bovengronds moet brengen stuk. Inmiddels kan ik de 78 traptreden wel dromen. Na een lange dag is het echt een hele klim om het station uit te komen. Op mijn voeten voel ik vele blaren.

Het paleis van de sjeik

*E*en ander iconisch gebouw van de stad is de Burj Al Arab; het enorme complex aan de Golf van Oman. Het gebouw met het gestileerde teflondoek dat zo is gemaakt, dat het lijkt of het doek permanent door de wind wordt opgebold als het zeil van een *dhow*.
Binnenkomen in het gebouw of op het terrein rondlopen zit er voor ons niet in. Je moet een reservering voor bijvoorbeeld een diner of lunch kunnen laten zien voordat de slagboom voor jou opengaat. Aangezien bij een heel luxe hotel ook hele luxe prijzen horen... Voor ons geen enkele belemmering om er naartoe te gaan; kijken en bewonderen op een afstand kan altijd.
'Als we de metro nemen naar de First Gulf Bank, dan komen we langs het gebouw en stappen we uit,' zegt Jan.
Aangezien grote delen van de ondergrondse bovengronds lopen, valt er altijd veel te zien.
Elk metroritje is er wel weer een man die met zijn voeten over de roze lijn gaat of op een vrouwenplaats gaat zitten, om vervolgens door een vrouw gecorrigeerd te worden. Tegenover mij zit een grote Australische man, ordinair wijdbeens, hoed op zijn hoofd, te genieten van de wereld om zich heen. Mm, ben benieuwd voor hoe lang. Niet lang dus.
'Hoe had ik dit kunnen weten?' vraagt de man zich hardop af. 'Ik ben vandaag net aangekomen,' en kijkt wat hulpeloos en gegeneerd om zich heen.
Veel vrouwenvingers wijzen onmiddellijk naar de roze lijnen.

'Elke man die hier voor het eerst komt, maakt deze fout,' zeg ik wat troostend.
Het vreemde is dat soms in de vrouwencoupé nog volop plek is, terwijl de mannen hutjemutje op elkaar staan. Enig leedvermaak is de vrouwen niet vreemd. Ik zit prima en heb ruim uitzicht over de stad. Tussen alle gebouwen porren tientallen minaretten de lucht in. Kleine, bescheiden, slanke torens, sommige rijkelijk versierd, andere heel sober en kaal; ze komen in alle maten, maar allemaal in dezelfde zandkleur.

Eerst maar op zoek naar een cappuccino, voordat we naar het stalen schip gaan en lopen een restaurant binnen.
'Wilt u de gewone of de grote,' vraagt de ober.
De gewone is prima om niet veel later een cappuccino formaat soepkom te krijgen. In Dubai gaat veel buitenproportioneel.
De toiletten zijn binnen in de mall. Ik loop het grote gebouw binnen -hopelijk weet ik de weg naar buiten weer te vinden- en loop langs de ene na de andere juwelier waar echt, maar dan ook echt alles goud is wat er blinkt.
'Volgens mij kwam je daar vandaan,' zegt een man als hij mij wat hulpeloos om me heen ziet kijken.

Bij de Burj Al Arab staan mannen in uniformen bij de ingang en slagbomen om de mensen tegen te houden. Ook vanaf een afstand is goed te zien dat het een schitterend gebouw is, een gebouw dat elk moment het land op dreigt te zeilen. De punt lijkt wel een grote zendmast; onder aan de top hangt een grote ronde schotel. Het hangt als een giga groot bord aan het gebouw en is een platform voor helikopters. Het complex is gebouwd op een kunstmatig aangelegd eiland voor de kust.

In 1999 werd het geopend en de kosten werden geschat op ongeveer 1,2 miljard dollar. Veel geld, maar dan heb je ook wat zoals we nu, zelfs op afstand, kunnen zien. De bouw van Al Arab zorgde voor een golf van publiciteit en zette Dubai voorgoed op de kaart als wereldstad van formaat. Het schijnt het enige zevensterrenhotel van de wereld te zijn.

Een groep toeristen staat bij de ingang foto's te maken; grote auto's met geblindeerde ramen rijden zonder problemen door. Hoe twee werelden elkaar raken zonder elkaar te ontmoeten. Het hotel dat zich binnen in het gebouw bevindt, moet van een ongekende rijkdom zijn. Bladgoud, fluweel en marmer. De kleinste kamer kost nog steeds een slordige twaalfhonderd euro per overnachting en is 170 vierkante meter groot. Tja, en aangezien een mens nu eenmaal met zijn ogen dicht slaapt…
Het gebouw is geweldig mooi. De architect is er wonderlijk goed in geslaagd om de indruk te wekken dat het gebouw een boot is met een groot bollend zeil. Naast het gebouw een wildwaterpretpark waar weinig reuring is. Alles is hier ook meteen zo belachelijk groot gebouwd. Mochten er bezoekers zijn, dan zijn ze waarschijnlijk verdwaald.

Lopend gaan we naar de dichtstbijzijnde bushalte. Lopen wordt hier amper gedaan; als ik al eens mensen zie lopen zijn het bijna altijd toeristen. Waar ik ook kijk, er is altijd wel een moskee te zien. Verschillend en toch ook weer gelijk en dan opeens een hele opvallende. De top van de minaret is in een frisse aquablauwe kleur geschilderd. Zou dat het gebouw zijn dat ik vanaf de Burj Khalafi heb gezien, denk ik bij mezelf.

De bus rijdt net voor onze neus weg. Binnen een half uur komt er alweer een andere aanrijden, en weer een half uur later zijn we in de grote mall waar we een lekkere, te dure pannenkoek eten.

We pakken de houten veerboot en zijn snel aan de overkant. Het is mooi lopen door de oude, historische wijk aan de Creek Shindagha waar ergens het gerestaureerde paleis van de opa van de huidige emir staat: het huis van Sheikha Sana Bint Mana Al Maktoum.
Hij was een belangrijk man en wordt beschouwd als de grondlegger van het Dubai zoals wij de stad nu leren kennen. Hij woonde samen met de zes families van zijn clan in dit paleis van twee verdiepingen. De toegang is gratis en we lopen nieuwsgierig naar binnen. De uitkijktoren heeft het uiterlijk van een vriendelijk gezicht. Het is een smal, wat hoog gebouw met kleine kantelen. Onder de kantelen een scherpe neus, aan weerszijden zijn als het ware twee ogen gemaakt, en onder de neus een opening, waar ik duidelijk een mond in herken.
Het paleis, de sjeik was volgens mij een bescheiden man, is een eenvoudig paleis. De tweede verdieping heeft een houten balustrade en is afgesloten. Beneden zijn enkele kamers toegankelijk voor het publiek. Er hangen mooie portretten van vrouwen met het gezichtsmasker. Wat vind ik het een bizar en bijna een wreed sieraad. Hoe langer ik erover nadenk, hoe wreder ik het vind. Wat heeft diegene die dit ooit heeft verzonnen toch bezield om dit te maken én om vrouwen dit te laten dragen? In de souvenirwinkel is zelfs een pop te koop met een dergelijk masker. De pop heeft blauwe ogen.
Het schilderij van een opa met zijn kleinzoon is lief en erg geslaagd. Opa en kind kijken elkaar met ogen vol

liefde aan. Buiten staan houten banken en potten zijn gevuld met grote planten.
De windtorens, zo karakteristiek voor hier, staan er nog steeds. De kamers in dit paleis worden nog steeds gekoeld door de wind vanuit de torens. Houten stokken steken als kaneelstokken uit de gebouwen; deze stijl doet ons veel denken aan de modderhuizen in Mali. Dezelfde kleur en ook daar staken allemaal houten stokken uit de muren. Daar hadden ze naast hun functie in de constructie van het gebouw, ook de functie om als ladder te dienen. Als na de regens de muren weer aangesmeerd moesten worden, konden de metselaars hier hun voeten op zetten. Dat is dan weer een probleem dat ze hier niet kennen. De inrichting is vrolijk; gekleurde emaillen schalen zijn als decoratie aan de muren bevestigd. Houten tafels met stoelen in bonte kleuren: oranje, rood, blauw en turquoise. Blije kleuren die het gebouw doen oplichten. Smetteloze, marmeren vloeren. Er dwaalt nog een handjevol toeristen rond.
De tuinen zijn stijfjes aangelegd met gras en een bloemenrandje. Voor hier denk ik een weelderige tuin. Alles moet immers gepoot, verzorgd en van veel water voorzien worden. Hier groeit niets spontaan.

De grens over...

'Als je een kamer via booking.com boekt is het goedkoper dan dat ik hem voor je reserveer,' zegt de receptioniste op mijn vraag om een kamer te boeken voor wanneer we terugkomen uit Oman.
Geen probleem, ik klap mijn laptop open en regel ter plekke een kamer. Eureka is geen sterrenhotel maar helemaal geschikt voor ons.

'*You get a baby car,*' zegt de man van het verhuurbedrijf die onze huurauto komt brengen.
Een bescheiden man, die er keurig uitziet en zich ten volle bewust is van de verantwoording van zijn taak. Hij gaat op de bank bij de receptie zitten en legt op zachte toon de spelregels van de huurauto uit.
Nou, ik vind het nogal een hele grote auto en kijk naar de witte Nissan, vierdeurs, die voor de ingang van het hotel geparkeerd is. Nu weet ik wel dat wij als Pandarijders een andere auto al snel groot vinden. Maar toch.
'Er staat maar 4.183 kilometer op de teller,' gaat de man verder.
Oh, dus dat bedoelt de man met baby-auto. Het is een zo goed als nieuwe auto; nog maar een baby.
We krijgen papieren om in te vullen, er wordt een kopie van ons rijbewijs gemaakt. Ik stop alles in mijn rode map. De man begint te lachen: 'Wanneer je uit Holland komt moet je een internationaal rijbewijs hebben, maar kom je uit Nederland dan hoeft dat niet. Tenminste volgens het meisje op kantoor.'

We schieten ook in de lach. Ja, we wonen in Nederland, maar zo gauw we de grens overgaan wonen we ineens in Holland. Gelukkig is ons gewone rijbewijs voldoende. Daar waren we trouwens ook van uitgegaan omdat er nu ook in het Engels en in het Frans opstaat dat het een rijbewijs is. De laatste jaren kopen we nooit meer een internationaal rijbewijs.

'Wees vooral zuinig op dit kaartje. Dit is erg belangrijk,' benadrukt de man en geeft Jan een creditcardachtig pasje; volgens ons het kentekenbewijs. 'Denk eraan om bij de grens met Oman nog een verzekering voor de auto af te sluiten,' gaat hij verder.
Mm, vreemd, we hebben een all-risk verzekering afgesloten en ook al betaald. Ik heb de papieren bij me. Nou ja, we zullen het daar wel navragen. Ook lezen we dat we niet met deze huurauto naar Salala mogen rijden; iets dat we eigenlijk wel van plan waren. Maar goed, daar hebben we niet zoveel moeite mee, er blijft meer dan voldoende over om te bekijken. Jan heeft zo weer een andere route in zijn hoofd. Hij heeft de kaart van Oman al goed bestudeerd.
'Ik denk dat ze Salala veel te ver weg vinden, mocht er iets met de auto zijn. Ik snap het eigenlijk wel,' reageert Jan als hij dit verbod leest.
Al onze bagage gaat vlot in de grote kofferbak en Jan stuurt de auto zonder problemen het drukke verkeer van Dubai in. Wanneer we de drukte achter ons hebben gelaten, is goed te zien dat Dubai in een zandbak ligt. Zand, zand, zand en nog eens zand.
Even wennen aan de auto en het verkeer. Zo gauw het kan parkeert Jan de wagen in een kleine winkelstraat, ik pak de thermos met heet water en maak langs de kant van

de weg een lekkere kop koffie, een Hollandse stroopwafel erbij: wij zijn klaar voor onze roadttrip naar Oman! Een gezonde kriebel trekt door mijn buik.

Ondanks Jan zijn goede voorbereiding valt het nog niet mee om de juiste weg naar Oman te vinden. Verkeersborden genoeg, maar net niet de borden die wij zoeken. Gelukkig is iedereen behulpzaam en rijden we eindelijk in de juiste richting. Onder een verlaten afdakje aan de kant van de weg parkeren we de auto, maken een broodje kaas met tomaat, flesje water erbij en we kunnen weer verder. Ook tijdens het reizen proberen we zoveel mogelijk de tijden van de maaltijden aan te houden zoals we dat gewend zijn. Uit ervaring weten we dat dat gewoon het beste werkt.
'Jaaa! Kamelen,' roept Jan en wijst naar de rechterkant van de weg waar een aantal kamelen als hangjongeren bij elkaar staat.
Even later zien we er nog een paar in de middenberm staan en een donkerbruine bedoeïenentent bewijst dat we toch echt in het Midden-Oosten zijn, iets dat we in Dubai-stad nog wel eens vergaten. De auto rijdt perfect, de wegen zijn uitstekend en toch lukt het ons maar niet om Dubai uit te komen. Nog maar eens vragen, veel vingers wijzen in de juiste richting van Hili Border Port en metershoge afrasteringen maken ons nu wel duidelijk dat we de grens naderen. Dikke rijen staan in drievoud opgesteld en schuiven gelukkig gestadig door. We parkeren de auto en lopen het kantoor binnen.
'Je moet op die knop drukken,' wijst een man..
Hij ziet ons wat zoekend rondkijken; we krijgen nummer 38. Het personeel werkt stug door, we worden hoffelijk voorgelaten.

Dubai uitgaan kost zestig dirham en kan met de creditcard betaald worden. Mijn creditcard weigert. Gelukkig, de kaart van Jan doet het wel en zo wordt een mens vanzelf zenuwachtig bij een grensovergang. Ik ben de enige vrouw valt me ineens op. Er worden stempels in ons paspoort gestempeld, krijgen een groen papiertje als bewijs mee en kunnen nu verder naar Oman.

'Papier,' zegt de man van Oman.
Waar is mijn map? In alle drukte laten liggen in het kantoor van Dubai. We laten de auto staan, lopen snel terug naar Dubai waar alle aanwezigen als afgesproken wijzen naar mijn rode map, die nog onaangeroerd op de balie ligt. Hoppa, terug naar Oman, de man pakt het groene papiertje aan, we kopen een visum, nog een paar stempels en klaar.
'Verzekering?' vraag ik aan de man en kijk naar een balie waar 'verzekeringen' opstaat
De man wuift mijn vraag weg en stuurt ons verder; een beambte kijkt nog even in onze kofferbak en we rijden Oman binnen.
Oman oogt direct anders; waar dat dan precies in zit weet ik niet. Net zoals bij ons; zo gauw je de onzichtbare grens -alleen een bord wijst je er op- met Duitsland overgaat weet je direct dat je in een ander land bent.

De eerste stad die we binnenrijden is Al Buraima. We besluiten om hier te overnachten. We hebben veel meer tijd nodig gehad om hier te komen dan we hadden gedacht; we hebben geen haast. Ook willen we absoluut niet ergens in het donker aankomen waar we helemaal niet bekend zijn.

'Dat lijkt me een prima hotel,' wijs ik naar een groot hotel met een marmeren trap en een kapotte luifel: Al Salam.

'Jazeker hebben we nog een kamer,' antwoordt de man achter de balie op fluistertoon in zeer slecht Engels.
De grote hal staat vol met grote meubels. Enorme hoekbanken, met ook tafels bedekt in dezelfde stof als waar de banken mee zijn bekleed. Het geeft de entree een Arabische sfeer.
Prijzen worden hier zo dicht bij de grens in dirham en rial aangegeven. Even schakelen; was een dirham amper vijfentwintig cent, een rial is bijna tweeëneenhalf euro.
Aan de rechterkant van de lobby zie ik een coffee shop.
Er wordt een jongen geroepen die ons een paar kamers laat zien; we gaan voor de goedkoopste kamer die er prima uitziet. Marmeren vloeren, groot bed, nette badkamer met veel handdoeken, zeepjes en crèmes. Een ronde, glazen tafel met twee zware, smeedijzeren stoelen.
Hè, hè, eindelijk eens een tweepersoonskamer met twee stoelen. Meestal tref je op een tweepersoonskamer maar een stoel aan. Iets waar ik me iedere keer weer oprecht over kan verbazen. Nieuwsgierig schuif ik de deuren van de grote kast open, altijd benieuwd wat er in ligt: een telefoon met snoer en een bidkleedje met een afbeelding van een moskee.
Achter de grote gordijnen is een klein balkon verstopt. Dat het uitzicht totaal wordt belemmerd door een megagroot reclamebord maakt me niets uit. Ik ben dol op balkons en Jan sleept de zware stoelen naar buiten. Ik zet de waterkoker aan en niet veel later zitten we helemaal senang buiten. Ons waterkokertje gaat altijd mee. Natuurlijk zijn er veel hotels met een waterkoker, koffie en thee

op de kamer, maar laten dat nu net de hotels zijn waar wij meestal niet komen.

'Kom, we gaan nog even de stad in,' zegt Jan. 'Geld pinnen, even de sfeer proeven.'
Ik zie bijna geen vrouwen op straat. Die enkele vrouw die ik zie is weer van top tot teen in het zwart gehuld. Al snel zien we een bank en vlot haal ik rials uit de automaat. Al rijdend langs de meubelboulevard van de stad worden de verschillen in smaak duidelijk. Landen verschillen, mensen verschillen, smaken verschillen. Wat wij ordinair en protserig vinden wordt hier als zeer smaakvol ervaren. Enorme stoelen, banken van velours in felle kleuren zijn royaal bezaaid met kussens, de zittingen zijn erg lang. Veel verschillende kleuren goud en glitters. Het ziet er wel vrolijk uit, dat dan weer wel. Ieder zijn smaak; zij zullen ongetwijfeld onze meubels helemaal niks vinden.

Kamelen en moskeeën

Al Buraima was ooit van strategisch belang als rustplaats op de handelsroute tussen Oman, Abu Dhabi, Saoedi-Arabië en de rest van het Arabische schiereiland. Ook voor ons een plaats waar we normaal doorheen zouden rijden maar dan hadden we ook het Al Khandaq-fort gemist. Vrij recent helemaal opgeknapt staat het trots in de stad. Oman heeft iets van driehonderd kastelen en forten. Uiteraard allemaal zandkleurig.
'Ik denk dat dat het is,' wijs ik, niet gehinderd door enige kennis, naar een gebouw waar kantelen op te zien zijn.
Kantelen horen bij een fort. Er staat een moskee naast. Binnen in het gebouw is een bescheiden markt waar uitsluitend mannen veel groente en fruit verkopen. Aardappels, komkommers, tomaten, andijvie, citroenen, kolen en iets dat wel tabak kon zijn. Grote, bruine bladeren liggen op stapels op de grond. In oude, plastic waterflessen wordt tabak verkocht. Alles ziet er uitstekend uit en ja hoor, we mogen foto's maken.
Er komt een oudere, stevige vrouw aanlopen met het gezichtsmasker. Ik ben weer geschokt, waarom weet ik niet, maar op de een of andere manier vind ik het zo bizar dat vrouwen dit dragen dat ik mezelf moet bedwingen om haar niet vol in het gezicht te staren.
'Mag ik een foto van u maken?' vraag ik zo vriendelijk mogelijk.
Ze moet lachen, iedereen moet lachen, maar ze schudt nee. Ze tilt met haar vingers haar masker op zodat ik het aan kan raken. Nee, het is niet van metaal zoals ik eerst dacht, maar is gemaakt van een soepele, zachte stof. Men

lacht om mijn verbazing en interesse. De vrouw kijkt me aan met een blik in haar ogen alsof ze wil zeggen: Het valt allemaal wel mee hoor. Ze staat op het punt om mij toestemming te geven om een foto te maken als er een oudere man aan komt lopen, die haar hartelijk begroet en haar liefdevol op haar voorhoofd kust. Mijn moment is voorbij. Lachend knikken we elkaar toe en lopen verder.
Het is rustig op de markt. Iedereen zit geduldig op klanten te wachten. Geslachte schapen hangen in hun blote velletje aan metalen haken. De lucht van de visafdeling is niet te missen en overal worden we even vriendelijk begroet.

Wanneer we de stad uitrijden zien we pas het prima gerestaureerde fort waar we naar op zoek waren. Het ziet er nieuw uit. Een uitgeschoten kanon staat bij de ingang. De muren zijn hoog en op de hoeken de inmiddels bekende torens. We lopen naar binnen, waar het brandschoon is. De torens hebben een eenvoudig versierde rand, overal zijn deuren en een trap brengt ons naar boven. Groene palmbomen, blauwe luchten en een zandkasteel: drie kleuren die iedere keer weer terugkomen. Tegenover het fort staat een juweel van een moskee, een prima plek voor pauze. Het gebouw oogt vanaf een afstandje spierwit, de ronde koepel is wat donkerder van kleur en versierd met allerlei figuren.

Controle. Douane, uitstappen en paspoort meenemen, weet de man ons duidelijk te maken. We volgen braaf zijn aanwijzingen en lopen het grote gebouw binnen. We vullen het visumformulier in en krijgen nu pas het visum in ons paspoort gestempeld. En wij maar denken dat we dit allemaal gisteren al hadden gedaan.

'Geen cash, je moet met de creditcard betalen,' zegt de man.
Nergens ter wereld gaan we de discussie aan met de politie of douanemensen, volgen altijd netjes alle aanwijzingen op, aanwijzingen die vaak als bevelen overkomen, maken zelden grapjes, respecteren elke rang en titel en bedanken vriendelijk voor alles.
In het gebouw is ook een toeristenbalie waar ik wat folders meeneem. In de auto zie ik dat de meeste folders in het Arabisch zijn... Plaatjes kijken is ook leuk.

Jan rijdt richting de kust, naar Sohan. De wegen zijn perfect, de straatverlichting, als alle lantaarnpalen het tenminste doen, is uitbundig. Ze zien er brocante uit.
In de auto zit wel een radio, maar de muziek die hier uitkomt is niet geschikt voor onze westerse oren. We hebben stickies vol met muziek meegenomen. Helaas pindakaas, er zit in deze nieuwe auto een degelijke cd-speler. Gelukkig vermaken we ons uitstekend met de wereld om ons heen. Wie spot de eerste kamelen en wanneer is er geen minaret te zien? Dat laatste lukt zelden. Zoveel minaretten, zoveel verschillen. Hele bescheiden, hele grote, hele kleine, hele saaie en hele vrolijke. Oman is duidelijk wat frivoler in zijn moskeeën dan Dubai! En dan ineens bijna midden op de weg een moskee met kleurige turkooizen koepels. Het lukt me om er vanuit de auto een mooie foto van te maken. Het gebouw is een toonbeeld van elegantie, dat kan ik zo snel wel zien.

Bij een van de vele coffee shops en grill eten we een lekkere wrap. Deze coffee shops zijn de evenknie van de snackbars in Nederland. Ze zijn werkelijk overal te vinden, verkopen bijna allemaal hetzelfde en hebben zo hun eigen variant van de drive thru. Een auto stopt zo dicht mogelijk bij de ingang, de bestuurder schreeuwt zijn bestelling naar het personeel of er komt snel iemand aanlopen om de wensen van de klant te noteren, vervolgens wordt het gevraagde op een drafje bezorgd. Voor hier heel gewoon, bij ons komt het niet erg sympathiek over.

Bij een politiecontrole stoppen we netjes.
'Verzekeringspapieren?' vraagt de beambte; in ons rijbewijs is hij niet geïnteresseerd.
Voordat ik alle papieren kan laten zien moeten we alweer doorrijden. Er stoppen meer auto's, het wordt ineens druk. De verzekering zit ons nog niet helemaal lekker. Hoewel alles door ons keurig is betaald, moesten we volgens de man van het verhuurbedrijf toch nog iets afsluiten bij de grens, maar daar ging het allemaal net weer wat anders. Overal hebben we gevraagd maar werden iedere keer doorgewuifd.

In Sohan weer een schitterend mooie moskee. Jan rijdt de grote parkeerplaats op, waar geen auto te bekennen is. Het grote gebouw is voor de mannen, de vrouwen hebben een eigen kleine ruimte die niet in de schaduw van dit juweel kan staan. Voor hun heel gewoon, voor mij iets wat me direct opvalt.
De islam is een geloof waarbij er zulke verschillende regels voor mannen en vrouwen gelden. Dat westerse vrouwen vrijwillig voor de islam kiezen, is iets wat ik erg moeilijk kan begrijpen. Maar goed, waar ik beperkingen zie, zien zij waarschijnlijk iets heel anders. Aan de andere kant, als ik hier was geboren en getogen zou ik ook in een

lange abaya lopen; zo simpel is natuurlijk ook weer. Mijn gedachten doen er helemaal niet toe en zo hoort het ook. Zo dankbaar dat ik op dit gebied helemaal mijn eigen keuzes kan maken. Ik hoop dat de vrouwen die hier wonen ook vrij zijn in hun keuzes. De vrouwen in hun zwarte abaya's tot op de grond; vaak gemaakt van een synthetisch materiaal waar de zon zo lekker op kan branden. Meestal simpel van model, soms versierd met patronen, kralen of een frivool licht streepje. Een enkele vrouw draagt er een gekleurde hoofddoek bij. Alle vrouwen hebben de duurste handtassen aan hun arm, de hipste zonnebrillen op de neus en hun make-up is prachtig. De meeste vrouwen komen zelfverzekerd bij mij over. De mannen altijd in hun onberispelijke witte dishdasha's. Blote voeten in leren slippers. We hebben er een sport van gemaakt om vlekken op deze witte kleding te ontdekken. Nop, uitgesloten, wit is hier smetteloos wit. De geblokte tulbanden met het zwarte koord die veel mannen in Dubai dragen zien we hier niet.

De islam zorgt voor bijzonder indrukwekkende mooie gebouwen. Dit is wel weer een topper en een bezoekje meer dan waard. De aquagroene betegelde koepels met een gouden ruitpatroon geven het gebouw een extra oosterse glans. Het gras is keurig geschoren, de bloemperkjes strak ingericht en de heggen zijn volgens mij op maat geknipt met een meetlat ernaast.
Aan de voorkant een overdekte galerij. Deze Masjid al Zulfa moskee is een topper. Er komt een man de moskee uit lopen, dat is alle beweging die we hier zien.
'Zag je dat?' wijst Jan naar een horde papegaaien die opvliegt uit een van de vele hoeken en gaten.

Hun groene kleur past perfect bij het groen van de koepels.

Ongemerkt zijn we al bijna in de hoofdstad Muscat aangekomen en besluiten om op zoek te gaan naar een hotel. Als vanzelf belanden we aan de Golf van Oman, waar ongelofelijk grote cruiseschepen in de haven liggen. De terrassen zitten gezellig vol, we zien een souk en vinden de sfeer erg ontspannen en vriendelijk.
'Kijk, een hotel,' wijst Jan.
Stoppen, even zoeken naar de ingang en ik loop naar binnen. Het Naseem Hotel heeft nog wel een kamer voor ons. De man wijst op de prijslijst die op de balie is geplakt. Hij houdt niet erg van praten.
'We hebben alleen Wi-Fi in deze lobby.'
Helemaal goed. De kamer is een nette kamer met tegels op de vloer, een koelkast, prima bed, zelfs een bureau met een geriefelijke stoel, een leuk uitzicht op een rotonde waar stenen dolfijnen het middelpunt zijn. Het verkeer toetert voorbij, duiven koeren in het raamkozijn en in de verte zijn rotsige bergen te zien. Bergen die ongenaakbaar lijken. Soms zit het mee, per ongeluk zijn we in de juiste wijk van Muscat beland. Muttrah waar zich de oudste souk van Oman bevindt. Voor het eerst zien we hordes toeristen, allemaal uitgespuugd door de grote cruiseschepen.

Burj Khalifa

Met henna beschilderde handen

Al Arab

In de souk van Dubai

Het fort van Al Buraima

In de souk van Nizwa

Het fort van Bahia

Ontmoetingen in Muscat

Qantab; in de buurt van Muscat

De verloren gewaande dhow in Sur

Moskeeën van Oman

Onderweg

In Oman

De mooiste moskee van Abu Dhabi: de Grand Mosque

Het Oreokoekje en de skyline van Abu Dhabi

Het uitgeknepen blikje... Capital Gate in Abu Dhabi

De oudste souk van Oman

*V*oordat we Muttrah gaan verkennen, willen we toch eerst de verzekering goed geregeld hebben.
'We hebben toch een nummer gekregen dat we altijd kunnen bellen,' schiet Jan opeens te binnen.
Het 24-uursnummer is met behulp van de receptionist na enkele pogingen te bereiken.
'Ja hoor, jullie zijn verzekerd,' zegt een vrouwenstem aan de andere kant van de lijn. 'Ik geef je het nummer van mijn leidinggevende, dan kun je het nog eens navragen.'
De leidinggevende bevestigt haar verhaal. Klaar ermee. We gaan verder. Gelukkig kan ik bewijzen dat we alles in Nederland netjes hebben betaald. Toch blijft het een vreemd verhaal. De meeste mensen vliegen van Dubai naar Muscat of nemen de nachtbus. Het is overduidelijk dat niet veel mensen met een huurauto de grens overgaan.

Met bus nummer vier zijn we snel in oud-Muscat dat er opvallend nieuw uitziet. Het is leuk om een keer met de bus te reizen en de auto staat helemaal goed op het terrein achter het hotel.
'Euh, dit is niet wat ik zocht,' zegt Jan en speurt verder op het kaartje, waar weinig tot geen aanwijzingen op staan.
Dit kan het niet zijn. Bij het oude deel van de hoofdstad van een land denk ik aan bruisende straten, kleine winkeltjes; kortom veel bedrijvigheid. Hier staan grote bedrijven en gebouwen, amper een mens op straat en stadse drukte is totaal afwezig.

'We willen graag naar het oude deel van de stad,' zeggen we tegen een taxi-chauffeur die we aanhouden en staan versteld van onze eigen onwetendheid als de beste man ons in een mum van tijd terugbrengt naar waar we zojuist vandaan kwamen.
'Oh, dus Muttrah is de oude wijk; we zijn al waar we willen zijn,' lachen we naar elkaar.
Tja, dat krijg je ervan als je de route omgooit; dan kom je toch ietwat onvoorbereid aan. De chauffeur krijgt een verdiende fooi, we spreken onszelf even stevig toe en maken deze blunder goed met een grote cappuccino bij een coffee shop. Een lesje in nederigheid op zijn tijd is wel eens goed. Soms denken we namelijk dat we zeer ervaren reizigers zijn…

Terrasjes en winkels wisselen elkaar af en de souk wordt overspoeld door grote groepen toeristen, die met een van de cruiseboten zijn aangekomen. De boten zijn drijvende flatgebouwen, sommige zijn wel veertien verdiepingen hoog en dan nog dat deel dat zich onder water bevindt. Het is heerlijk lopen, slenteren en kijken in de oudste souk van Oman. Er is veel te koop, van huishoudartikelen tot weelderig geborduurde kleding. In een etalage staan gekleurde moslimpetjes uitgestald. Ansichtkaarten, vazen, traditionele kleding, schoenen -ook hier houden kleine meisje van hardroze kleuren- speelgoed, kerstversiering, sjaals, sieraden, kruiden, oliën en wierook. Erg veel wierook. Lichtelijk bedwelmd door alle wierook en niet thuis te brengen geuren lopen we rond. Souks of markten zijn altijd de moeite waard. Deze souk is overdekt en erg schoon; trouwens alles is hier erg schoon. In het plafond zitten kleurrijke glas-in-loodramen met afbeeldingen van sieraden en krissen.

De eigen bevolking laveert overal tussendoor en langs, doet de dagelijkse boodschappen, wikt en weegt en laat zich niet storen door al die toeristen.
Een vrouw met een gezichtsmasker zoekt tussen de baby- en kinderkleertjes naar iets geschikts. Haar man en kinderen wachten geduldig. Dat zijn dan weer beelden die overal ter wereld hetzelfde zijn. Pa die rustig wacht totdat ma klaar is. Op alle tijden van de dag zien we kinderen lopen die volgens mij op school thuishoren. Ik heb werkelijk geen idee wanneer de kinderen hier naar school gaan. Het onderwijs moet hier goed zijn en zowel de meisjes als de jongens gaan allemaal naar school. Alleen wanneer dan?

Voor één rial koop ik twee sjaals die ook als kleden te gebruiken zijn. Sommige dingen zijn echt spotgoedkoop. Reizen door dit deel van de wereld is bij vlagen echt verwarrend. Mensen kleden zich zo traditioneel, houden vast aan hun eigen normen en waarden, rijden in de modernste auto's, in hun hand allemaal de allernieuwste iPhone, gratis Wi-Fi zoals ook hier in de souk, maar Allah en de Koran zijn altijd in de buurt. De toeristen komen in hun nonchalante vakantiekleding, geven veel geld uit, verwonderen en verbazen zich. Werelden die zo verschillend zijn dat er als het ware van beide kanten een vanzelfsprekend respect is voor elkaars manier van leven. Levens die elkaar hier passeren, misschien af en toe even raken om vervolgens weer ieder zijns of haars weegs te gaan.

'Mag ik een foto van u maken?' vraag ik aan een oudere man met een pluizige, grijze baard in zijn witte dishdasha.

Hij verkoopt allerlei soorten sieraden. Hoewel, ik heb eerder de indruk dat hij hier 's morgens wordt neergezet en 's avonds weer opgehaald wordt. Hij knikt me zeer minzaam toe. En nee, het eindresultaat hoeft hij niet te zien, hij weet zo ook wel dat het een mooie foto is geworden.
'*Shoekran*,' lach ik vriendelijk.

We dwalen verder, lopen de drukte uit en belanden als vanzelf in een klein straatje, waar een schitterend bewerkte moskee wat verstopt achter palmbomen staat. De moskee heeft de uitstraling van een hindoeïstische tempel. Het gebouw heeft eigenlijk geen minaret, maar lijkt nog het meest op een toren die tevens het gebedshuis is. Zoiets hebben we nog nooit eerder gezien. Het gebouw is geschilderd in zachte pastelkleuren, waarbij mintgroen overheerst. Elektriciteitskabels hangen als slierten spaghetti aan de gebouwen. Een bordje 'geen toegang voor niet-moslims' maakt ons duidelijk dat het toch echt om een moskee gaat. De buitenkant bewonderen mag iedereen gelukkig wel. Het ronde gebouw heeft vier verdiepingen, op elke verdieping een balkon. Het complex heeft een wufte en levendige uitstraling.
Tegenover het gebouw is een coffee shop, waar we een vegetarische wrap bestellen. We gaan buiten zitten. Het weer is heerlijk; ruim 27 graden. Elke dag zijn we verzekerd van mooi weer. In onze zomer wil je hier niet zijn, dan kan de meter oplopen tot wel vijftig graden Celsius. Veel mensen ontvluchten dan de stad en gaan naar het zuiden waar het dan heel wat aangenamer is dan hier.

We pakken de auto en rijden nu zelf Muscat maar in. Wie weet wat we allemaal nog ontdekken.

'Ik vind hier het eigenlijk helemaal niks,' zeg ik. 'Nieuwe gebouwen, groene grasvelden, totaal geen sfeer.'
Een moderne, functionele stad; er zit geen leven is. Ook mist het de skyline die van Dubai een indrukwekkende stad maakt. Geef mij maar de souks met zijn geuren, verkopers en gesluierde vrouwen en hier en daar een te blote toerist. Waar alles te koop is, waar bedrijven schaamteloos reclame maken voor hun imitaties van merkartikelen en kinderen van hun ouders een stuk plastic speelgoed uit China uit mogen zoeken. Waar het restaurantpersoneel zijn best doet om jou in hun restaurant te krijgen en het als een persoonlijke nederlaag beschouwen als we bij de buren gaan zitten. Waar families rondslenteren, waar baby's liefdevol in de armen worden rondgedragen en waar pa de wandelwagen zelf wel kan duwen. Waar zusjes en broertjes vaak dezelfde kleren aanhebben en vrouwen onder hun lange jassen mooi en smaakvol gekleed gaan. Alleen de winkeltijden, daar moeten we nog wel aan wennen. Van ongeveer een uur tot vijf uur in de middag zijn veel winkels en restaurants gesloten, gaan de rolluiken naar beneden en houdt men een lange lunchpauze. Gelijk hebben ze.

Bij een restaurantje, een beetje verborgen in een hoekje, kunnen we wel wat eten. De man laat ons zien wat er vandaag op het menu staat. Volgens mij is het pasta. Prima. Ook hier kunnen we weer buiten zitten. Niet veel later wordt het ene gevulde bordje na het andere gebracht, totdat we beiden vier schaaltjes om ons bord hebben staan. Oef, denkt deze aardige man dat ik dat allemaal op kan?
Een bonenprutje met een pittige bijsmaak, dat een gunstig effect heeft op mijn verstopte neus, een salade van kom-

kommer met witte kool, allerlei soorten pasta en spaghetti door elkaar en een bordje gevuld met vier gefrituurde deegballen, formaat oliebol. Ik eet de helft op en laat de rest met tegenzin staan.
'Bangladesh *food*,' zegt de man en spoort ons aan om nog meer te eten.

Naar Nizwa

*V*olgens kenners en onze reisgids staat de mooiste en tevens de grootste moskee van dit land in Muscat. Ook is het de enige moskee die ook voor niet-gelovigen te bezoeken is. Jammer genoeg voor ons is het vandaag vrijdag, de dag dat veel mensen naar de moskee gaan en de enige dag dat het gebouw niet te bezoeken is. We zijn op weg naar Nizwa en komen langs de moskee.
'Dat moet ie zijn,' wijs ik naar links.
Het plaatje in de *Bradt* is treffend. Er staat een bus geparkeerd, toeristen lopen rond en maken foto's. Het is een groot complex. Eerlijk gezegd ben ik meer onder de indruk van de grootte van het gebouw dan van de schoonheid. Het is net alsof het gebouw in de grondverf staat en nog geschilderd moet worden. Hoewel, de gouden koepel ziet er majestueus uit. Men is in 1995 begonnen met bouwen en zes jaar later was het klaar. We lopen rondom het hele complex. Jan schat ruim een kilometer. Het gras en de bloemen liggen er weer onberispelijk bij. Geen blaadje groeit de verkeerde kant uit, geen grassprietje is langer dan het andere. Mannen vegen met enorme palmbladen als bezem de rommeltjes bij elkaar. Het gebouw is gemaakt van marmer, zandsteen en hout. De vier minaretten die op de hoeken staan zijn 45,5 meter hoog. Deze vier vormen samen met de grote centrale minaret, die maar liefst negentig meter hoog is, de vijf pijlers van de islam. Van binnen schijnt het indrukwekkend mooi te zijn. Misschien komen we op de terugweg hier nog wel eens langs en krijgen we nog een kans om het te bekijken. Het is wel een mooie plek voor onze ochtendkoffie. Ik duikel nog

een paar stroopwafels op en hebben het hele gebouw, tenminste de buitenkant, helemaal voor onszelf. Een man van de schoonmaakdienst is bezig om de lantaarnpalen af te stoffen. Gezien het aantal lantaarnpalen dat we hier zien, hoop ik dat hij veel, heel veel collega's heeft. Er is altijd wel iets waar ik me oprecht over kan verbazen.

Het is 175 kilometer naar Nizwa en Jan rijdt de stad uit. De wegen zijn perfect. Zo gauw we de stad achter ons hebben gelaten, komen de ruige rotsen weer in beeld. We passeren kleine dorpjes waar de veelal pastelkleurige huizen als snoepjes in het landschap liggen. Overal en dan bedoel ik ook echt overal, steken de minaretten als potloden de lucht in. Overal wordt veel gebouwd. De bewegwijzering is prima, naast de geheimzinnige Arabische krullen en boogjes staat alles gelukkig ook in het Engels vermeld.
'Kun je wat dichter bij die bus rijden? Kijk, er staat een afbeelding van een vrouw met een masker op.'
Ze maakt ergens reclame voor. Waarvoor? Geen idee, is ook niet interessant. Jan rijdt voorzichtig wat dichterbij zodat ik een foto kan maken. Gelukt.
Vanmorgen in ons hotel kwam er een magere, oudere vrouw de lobby binnenlopen. Ze droeg een zwart masker. Ze zag eruit als een vogel. Ik durfde niet om een foto te vragen. Op mijn goedemorgen kwam amper een reactie. Deze vrouwen fascineren me mateloos en hopelijk krijg ik nog eens de kans om, hopelijk met toestemming, een foto te maken.
De omgeving blijft ook boeien. Her en der zie ik kleine wachttorens op rotsen staan. Volop tankstations die ook op vrijdag gewoon in bedrijf zijn. Zo langzamerhand krijg ik het gevoel in het Midden-Oosten te zijn.

In de zesde en de zevende eeuw was Nizwa de hoofdstad van Oman. De stad en de omgeving heeft de bezoeker veel te bieden. Wij kiezen voor het Majan Guesthouse dat we al snel aan de rechterkant van de weg zien. Het hele complex ziet er schoon uit. De lange entree is betegeld met grote marmeren tegels, tegen de muren staan een paar banken. Een vriendelijke, Indiase receptionist staat ons te woord. Ja, zeker heeft hij een kamer voor ons. Er wordt een man opgetrommeld en kamer 28 is perfect voor ons.

'We hebben hier heel goed Wi-Fi,' zegt de man en wijst naar de telefoon waar de codes op staan. 'Overal en in elke kamer,' klinkt het trots.

Een grote kamer met twee zeer geriefelijke stoelen, een groot bed, een koelkast, een mooie badkamer en gewoon lekker veel ruimte. We kunnen ons bewegen zonder direct ergens tegenaan te lopen. Hopla, sandalen uit, niks zo lekker als op mijn blote voeten over de frisse tegels te lopen. Waterkoker aan en we zijn alweer thuis.

Het hele complex heeft een Arabische uitstraling. De bewerkte, houten deuren en de lantaarnachtige lampen in de gangen zorgen voor een fijne sfeer. Op de trappen grasgroen tapijt en de muren zijn in een zonnige oranjegele kleur geverfd. In de hoek van onze gang ligt een indrukwekkende stapel wasgoed. Er staat ook een geriefelijke bank met tafel. Verbleekte foto's hangen zo hoog aan de gangmuren dat ik moet raden wat erop staat.

De man heeft niet overdreven, Wi-Fi stuift door de lucht.

Dicht bij het hotel is een soort van fort over de weg gebouwd. Het grote bouwwerk intrigeert Jan en we rijden er naartoe.

'Onvoorstelbaar dat men dit alleen maar heeft gebouwd om de weg op te sieren,' zegt Jan, omhoog kijkend naar het grote complex.
Het marmeren gebouw is aan de buitenkant goed verlicht. Nu willen we ook naar binnen; er hangen lampen, we gaan op zoek naar lichtknopjes en zijn al niet meer verbaasd dat het licht gewoon aanspringt, dat alles superschoon is en dat een prima trap ons helemaal naar boven brengt, waar we neerkijken op het verkeer. Palmbomen en bloemenperkjes zijn netjes aangelegd. Heel bizar om een dergelijk groot gebouw te zien, alleen maar omdat het kan en iemand heeft gedacht, dat kunnen we mooi over deze weg bouwen. Het meest verbazend vind ik nog wel dat alles gewoon toegankelijk is en dat niets is vernield.

Burqa's en burchten

*N*izwa heeft de bezoeker veel te bieden. Als voormalige hoofdstad was het ooit een belangrijke stad. Jan parkeert de auto op de grote parkeerplaats voor het Nizwa fort, waar enkele plaatsen gereserveerd zijn voor toeristen. Hoe gaan ze dit controleren? Iedereen kan een toerist zijn. Er is hier zoveel ruimte dat de auto overal kan staan.

Beiden zijn we direct gecharmeerd van Nizwa; de sfeer is prettig en vriendelijk. Er hangt nog wat van de grandeur van vroegere tijden in de stad. Er staan een drietal kleine vrachtwagens waar vee in staat. Eentje is gevuld met kamelen, de andere met Fries stamboekvee en dat vinden we leuk. Hollandse koeien en kamelen. Zo kan ik kamelen eens erg makkelijk op de foto zetten. Gisteren was de vrijdagmarkt en deze dieren zijn verkocht of gekocht. Tussen de geparkeerde vrachtwagens hebben mannen hun tapijtje uitgerold en wordt er, al zittend op de grond, gezellig met elkaar gegeten.
We lopen de souk in, waar mannen fruit verkopen. In kratjes liggen groene paprika's en grote, kegelvormige, kalebasachtige, groene vruchten. Taalbarrières verhinderen ons om erachter te komen wat voor vruchten het zijn. Een foto maken mag altijd. Het is nog erg rustig in de souk. De winkeliers zetten hun koopwaar buiten en maken zich klaar voor een nieuwe dag. Waar in andere landen de markten vaak beheerd worden door vrouwen, zijn het hier de mannen die de verkoop doen.

Het fort is een van de oudste en grootste in Oman. Het heeft maar liefst twaalf jaar geduurd voordat het klaar was, maar toen stond er ook wat. Zo is de massieve, ronde toren dertig meter hoog en heeft een doorsnede van zesendertig meter. In 1668 stond het fort dan fier in de stad. Ooit bedoeld om de strategische positie van de karavaanroutes te beschermen, is het nu de toeristische attractie van de stad. Ook dit complex is een aantal jaren geleden helemaal gerestaureerd en ziet er bijna te perfect uit. Alles is zo netjes en schoon dat het bijna niet te geloven is dat het eeuwen oud is. Als iets te goed gerestaureerd is dan is net alsof de ziel eruit gehaald is. Ik betaal het entreegeld, vijfhonderd *baizas* -één rial is duizend baizas- en zo vroeg op de dag hebben we het hele fort voor onszelf. Het is genieten; hier geen gidsen die ons rond willen leiden of andere 'behulpzame' mensen die hun diensten aanbieden.

Bij een kanon staat een bordje met de bijna aandoenlijke tekst dat het zo goed als zeker is dat dit kanon in een ver verleden in Oman is gemaakt. Helemaal zeker weten doet men het echter niet.
Drie grote trappen in de ronde toren brengen ons naar verschillende plekken, waar we iedere keer een weids uitzicht op de stad hebben. De stad lijkt in een cirkel te zijn gebouwd. Op elk dak dat we zien staan meerdere satellietschotels en aan elk huis hangen diverse airco's.
Door de poortvormige openingen hebben we een perfect uitzicht. Alleen het stadslawaai komt naar boven drijven, verder is het bijzonder rustig. Een grote minaret domineert de omgeving en steekt met kop en schouders boven alles uit, wazige bergen in de verte, sneeuwwitte sluierbewolking drijft door de frisse blauwe lucht en de ronde

kantelen zorgen voor een bruine, kanten rand. Samen vormt het een volmaakt plaatje.

Een vader fotografeert zijn twee zoontjes en dochtertje bij een van de kanonnen. De broertjes hebben weer dezelfde kleren aan.
Op de grote binnenplaats is een koffiebar en zeker, de man, zijn haar netjes onder een haarnetje, heeft een cappuccino voor ons. Een prima plek om hele mooie foto's te maken van alle bezoekers die langzamerhand tevoorschijn komen. Een viertal mannen in hun witte dishdasha's, en nee nu ook weer geen vlekje te bekennen, loopt de toren binnen, wat mij de kans geeft om een topfoto te maken.
'Hebben jullie die kaart van Oman hier gekocht?' vraagt een wat oudere, moeizaam lopende heer en wijst naar de spiksplinternieuwe kaart, die we net hebben gekocht, die op onze tafel ligt.
'Ja, die hebben we hier in de souvenirwinkel gekocht. Volgens mijn man is het een hele goede kaart,' antwoord ik.
Hij roept zijn vrouw erbij en het is duidelijk dat hij ook zo'n kaart wil.
'Wij komen uit Thailand en zijn in Oman op vakantie.'

Binnen in het gebouw, op de begane grond, zijn diverse exposities ingericht. In verschillende diorama's worden situaties uit het dagelijkse leven van de Omani uitgelegd.
'Kijk, in die vitrine liggen enkele gezichtsmaskers waar ook informatie bij staat vermeld,' wijst Jan, die mijn fascinatie voor deze maskers wel begrijpt.

'*Het stoffen, indigoblauwe gezichtsmasker voor vrouwen, de burqa, is een onderdeel van de traditionele, Omaanse klederdracht. Passend bij de draagster in een patroon dat hoort bij haar regio of stam. Deze burqa zorgt voor bescherming tegen de harde omgeving. Gemaakt van natuurlijke of synthetische indigo gelooft men dat het zowel een creatieve uiting als een soort van talisman is. Een gecompliceerd en vaak verkeerd begrepen onderdeel van een klederdracht. De burqa vertolkt verschillende dingen zoals status, klasse of eer. Het meest belangrijke is toch de viering van de overgang van meisje naar vrouw.*'

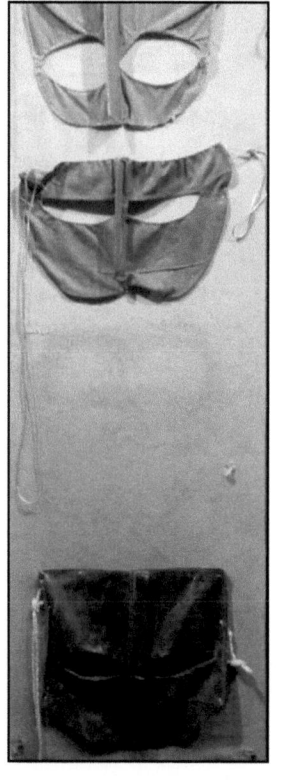

In de ene vitrine liggen drie verschillende stoffen maskers. Ze lijken nog het meest, tenminste de bovenste twee, op de maskers zoals Batman ze draagt. De onderste is een vierkant lapje met twee spleetjes voor de ogen. In een andere vitrine liggen op een paars kleedje oude maskers. Sommige maskers zijn versierd met een gouden randje en kleurige stiksels. Op een afbeelding staan vijf tekeningen van verschillende maskers met de namen van de stammen waar ze door de vrouwen gedragen worden.

Een aantal kamers is traditioneel ingericht. Planken vol met boeken, kleden op de grond en bonte driehoekige en vierkante kussens liggen huiselijk tegen de muren. In nissen staat tinnen en porseleinen serviesgoed. Aardewerken kruiken hangen aan de muur.
Uren slenteren we rond en komen slechts af en toe een andere toerist tegen. De oudere heer in zijn zuurstokroze korte broek en gifgroene T-shirt doet het hele complex bijna oplichten. Tjeetje, hoe erg kun je opvallen.

'Ik heb twee kaarten gekocht,' roept de Thaise meneer als hij mij ziet lopen.
In een andere vitrine wordt een filmpje vertoond van mannen met zeboes, die grote koeien met van die wiebelende vetbollen in hun nek. Deze dieren worden als lastdieren ingezet en halen grote bakken water naar boven, water dat vervolgens in een irrigatiekanaal wordt gegooid. Volgens de informatie is het niet ver van hier.
'Ik vind het wel leuk om hier naartoe te gaan. We hebben tijd genoeg en een auto,' stelt Jan voor. 'Het is in de buurt.'

'Rij maar achter mij aan,' zegt de man waar Jan aan vraagt waar de Falai Daris is.
En passant worden we ook nog uitgenodigd om bij hem thuis wat te komen drinken. Heel lief en zeker gemeend. We gaan liever verder en bedanken hem vriendelijk om niet veel later toch wel wat sneu naar het kristalheldere water dat door een goot loopt te kijken.
'Het was ook wel een erg oud filmpje,' zeg ik troostend tegen Jan die wat beteuterd naar deze riolering kijkt.

Het tweeduizend jaar oude irrigatiesyteem werkt nog uitstekend, alleen hebben de koeien plaats gemaakt voor moderne pompen.
Het hele park ziet er verlopen en slecht onderhouden uit.
Voor veel gezinnen geen enkele belemmering om gezellig met elkaar te picknicken.

Een nieuwe kaart

*D*e nieuwe kaart is aanwinst; er staan enkele routes op die gekenmerkt worden als toeristisch en zijn dus de moeite waard. Jan zoekt zorgvuldig een route uit. Het weer is met zo'n vijfentwintig graden helemaal perfect.

De omgeving is van een ongenaakbare, harde schoonheid en doet ons vaak aan Namibië denken. De roestbruine bergen, de grimmige, stekelige, groene bosjes, de blauwe luchten, de asfaltwegen die als dropveters door het landschap slingeren, het spaarzame verkeer en perfect gezelschap.
Kleine dorpjes komen en gaan. De zoetgekleurde huizen en de vele minaretten bewijzen toch echt dat we in een totaal andere wereld zijn. Veel huizen zijn indrukwekkend groot en allemaal volgens hetzelfde principe gebouwd. Twee verdiepingen hoog, in het midden een toren waar vaak de rand van de plastic watertank als een kartelrandje uitsteekt. Alle huizen zijn ommuurd met een stenen omheining die afgesloten is met een indrukwekkende deur. De huizen onderscheiden zich in kleur, grootte en afwerking. De kleuren geven iets zachts aan de harde omgeving. Grote auto's rijden van en naar de huizen. Ik zie opvallend veel vrouwen achter het stuur zitten.
Hebbes! Eindelijk zien we een bord dat waarschuwt voor overstekende kamelen; altijd goed voor een foto. Er staan twee geparkeerde auto's bij het bord; één eigenaar verkoopt fruit en groente vanuit de kofferbak, de ander

heeft vlees in de aanbieding. Hoe vers wil je het hebben?
Jan zoekt een watermeloen en een paar tomaten uit.
'Neem maar mee, dit is zo weinig, dat hoeven jullie niet te betalen,' zegt de verkoper op hartelijke toon.

Jan neemt een willekeurige afslag, zodat we eens een dergelijk dorpje wat dichterbij kunnen zien. Ik spot hier het allerkleinste moskeetje tot nu toe. Het is dat er op het golfplaten dak een ieniemienie minaretje staat en een paar kleine luidsprekers, anders had ik het voor een schuurtje aangezien. Tegen de muur staat een stapel grijze bakstenen.
'Waar komen jullie vandaan?' vraagt een knappe man als hij ons foto's ziet maken.
Ook hij nodigt ons van harte uit. Hoe lief ook bedoeld en meestal de moeite waard, maar dergelijke bezoeken kunnen vaak erg lang duren. Ik ben snipverkouden en wil niet ergens uren zitten te hoesten en te proesten.

Onze route voert ons van Nizwa naar Al Hamra, waar we bij de plaatselijke bakker broodjes kopen.
'Loop maar mee,' zegt de jonge verkoper met een lach van oor tot oor.
Het is duidelijk dat wij het hoogtepunt van zijn dag zijn. Op metalen rekken liggen heerlijk uitziende croissants.
'Gevuld met kaas,' straalt de man. 'Deze broodjes zijn gevuld met groente,' wijst hij naar een ander rek.
Zijn twee collega's komen ook even kijken. Ik koop van alles wat: we hebben trek. Natuurlijk gaan we graag met hem op de foto en laten zo een intens gelukkige broodverkoper achter.

Het landschap is schitterend, door de vele bergen lijkt het wel drie, vier dimensionaal en kamelen lopen links en rechts van de weg. Volgens mij weten deze dieren feilloos dat de weg niet voor hun is bedoeld. Ik heb nog nooit een kameel op de weg zien lopen. Het zijn geen grote kamelen, maar een kameel is een kameel en onlosmakelijk verbonden met dit deel van de wereld. Met hun gele, grote tanden en tong trekken ze het groen van de stekelige boompjes. Het interesseert de dieren geen bal dat wij ze van alle kanten fotograferen. Vroeger zou ik zeggen dat het dromedarissen waren. Sinds ons bezoek aan Jordanië, waar ook veel kamelen rondstruinen, weet ik dat alleen de Fransen en de Nederlanders een aparte naam voor een kameel met één bult hebben: de dromedaris. De rest van de wereld noemt alles gewoon een kameel, of ie nu een of twee bulten heeft.

Tussen de dadels

*O*p ongeveer elf kilometer afstand van Nizwa ligt het stadje Manah. Volgens onze onvolprezen Bradt-gids bevinden zich hier de meest indrukwekkende ruïnes van dit land. Omdat de hele omgeving van Nizwa sowieso erg mooi is, is het geen gok om naar Manah te rijden. Men is in 2008 begonnen met het restaureren van het fort; het is nu alleen nog maar aan de buitenkant te bewonderen. Geen probleem, hoeveel forten kan een mens aan? Ze hebben er hier een slordige driehonderd en we hebben niet de intentie om ze allemaal te bekijken.

Het is rustig op de weg en we zijn er snel. Mm, zou dit 'm zijn? We kijken elkaar wat verbaasd aan. We gaan op zoek naar een naam: Al Feeqain Fort. Prima fort, maar niet het fort waar we naar op zoek zijn.
Midden in het dorp, uiteraard dicht bij een moskee, parkeert Jan de auto bij een goed uitziende toren. Eromheen staan bouwvallige huisjes die niet meer bewoond zijn. Het is in ieder geval een mooie plek om koffie te drinken. Mensen lopen voorbij, groeten ons vriendelijk en het is opvallend dat niemand het vreemd vindt dat er twee mensen op een toch wel wat wonderlijke plek aan de koffie zitten.

We gaan verder en dan weten we het zeker; dit moet 'm wel zijn. Om nou thuis te komen en te moeten zeggen dat we het fort van Manah niet konden vinden. Hier wordt nog volop gewerkt en nee, bezoekers kunnen nu nog niet ontvangen worden. De klus moet eerst klaar zijn.

Geen probleem, door struiken en langs rommelige stenen, lopen we een rondje om het fort. De toren staat er keurig opgeknapt bij, maar er moet nog veel gebeuren. Het huidige Manah is als het ware rondom dit fort ontstaan.
Bijna elke stad of dorp heeft naast een eigen souk ook een eigen fort. De meeste forten zijn gebouwd in de zeventiende en achttiende eeuw, tijdens de Al Yarubidynastie. Men is trots op deze gebouwen uit vervlogen tijden, gebouwen die tevens een bewijs van de toenmalige Omani architectuur zijn. De forten deden dienst als verdedigingswerk en als toevluchtsoord voor het volk in tijden van oorlogen en nu, eeuwen later, zijn het mooie toeristische attracties.

Bij de plaatselijke winkel koop ik brood. We hebben nog tomaten en een paar flesjes sap; genoeg voor een lunch.
Bij de kassa staan twee oudere vrouwen die een stoffen masker dragen. Alleen hun ogen zijn nog te zien. Ik moet me bedwingen om niet te staren, om hen te vragen waarom dragen jullie dit, zou je het af willen doen, voelt het prettig, moeten jullie dochters dit ook dragen, was het jullie eigen keuze, wie zijn jullie? Soms is het lastig om begrip te hebben voor andere culturen. Gelukkig zal het deze dames worst zijn wat ik ervan vind en gelijk hebben ze.

'Dat ziet er leuk uit,' wijs ik naar rechts waar kinderen aan het spelen zijn. Hun moeders zitten met veel eten en drinken op de grond. Er staan wat haveloze bankjes op het terrein staan.
Ondertussen zijn we er wel achter dat de Omani dol op picknicken zijn. Wij inmiddels ook. De kinderen hebben veel lol op de speeltoestellen die geen enkele Hollandse

inspectie zouden overleven. De oudere meisjes schommelen naar hartenlust, hun lange jurken en hoofddoeken wapperen mee. Een tiental ondeugende jongetjes hebben de grootste pret, kruipen liever in de glijbaankoker dan dat ze er doorheen glijden.
'Ik zie geen mes, vergeten,' concludeer ik als ik alles uitgepakt heb.
Ik loop naar de vrouwen die op de grond zitten. Natuurlijk mag ik hun mes gebruiken. Terwijl de ene vrouw haar mes schoonmaakt, pakt de andere vrouw kleine bananen, sinaasappels en een appel op een bord en geeft dat aan mij. Beduusd pak ik alles aan.
'Hier, proeven,' zegt de vrouw duwt een lepel in mijn hand.
Op de lepel ligt een soort van pasta; gemaakt van dadels, kruiden en versierd met nootjes. Het smaakt heerlijk.
'Neem mee, eet zoveel je wilt. Heb je zin in koffie? Omani-koffie,' gaat ze door en geeft mij een mini kommetje gevuld met lichtgekleurde koffie en ook de schaal met de dadelpasta moet ik meenemen.
De Omani-koffie smaakt naar slappe thee. Overrompeld door zoveel oprechte gastvrijheid loop ik met volle handen terug. We eten van alles wat, leggen een paar koekjes als bedankje op de schaal en brengen de rest weer terug. Geen idee of dit de bedoeling is; gelukkig wordt alles met een vriendelijke lach aanvaard.
De jochies worden nu brutaler en durven ook wel dichterbij te komen. Een paar jongens durven zelfs wel steentjes naar ons te gooien, iets waar door een andere bezoeker direct streng op wordt gereageerd. De kinderen druipen af.

De rotsige omgeving is en blijft geweldig. Volgens Jan zijn onvolprezen kaart moet het dorpje Misfat Al Abriyyin zeer de moeite waard zijn. Vanaf Hamra, over heerlijke kronkelwegen met iedere keer weer een andere kijk op het landschap, komen we aan in het middeleeuwse stadje, dat helemaal verscholen tussen de dadelpalmen ligt. Het dorpje dat de omslag siert van onze Bradt-gids.
Bij de ingang staat een bord met regels waar de bezoeker zich aan moet houden. Schouders en knieën graag bedekken. Voor de zekerheid pak ik mijn grote reissjaal uit de tas. Hoewel mijn jurk lang genoeg is, zijn mijn armen misschien wat te bloot. Zo langzamerhand weet ik niet goed meer wat wel of niet kan. Zolang ik mezelf er prettig bij voel, ga ik ervan uit dat ik keurig gekleed ben.
Een oude man, zijn ogen troebel van de staar, zit in de deuropening van een winkel. Zijn rechterarm leunend op een wandelstok. Zijn lange baard is net zo wit als zijn dishdasha. Hij vormt onbedoeld een mooi contrast met de groene, metalen deur. Een leven lang op de grond zitten, zorgt ervoor dat ook mensen op leeftijd opmerkelijk soepel op de grond gaan zitten en weer opstaan.

We volgen het gele bordje Misfa Old House, een guesthouse en coffee house dat ergens tussen alle palmbomen verscholen moet liggen. Hier geen auto's; alles gaat te voet, of op een ezel. We stappen opzij voor een zwaar beladen ezel en zijn drijver, die snel en geroutineerd over de smalle, stenige slingerpaden lopen. Uit sommige huizen steekt een airco en ook de grote sloten aan de deuren bewijzen dat hier nog mensen wonen. Huizen gebouwd van kleine stenen, kleine ramen en een balkon dat omheind is met stokken, lijken uit de rotsen te groeien. Af en toe is het een groenig boompje of struikje gelukt om genoeg wortel te schieten op de stenen terrassen voor de huizen.

We blijven de gele bordjes volgen en komen als vanzelf uit bij de sfeervolle coffee shop, waar bankjes tegen de muur staan met lage tafels; alles bedekt met dunne zwartrode kleden. Op de muur hangt een briefje dat 's avonds na zeven uur Wi-Fi beschikbaar is. Ook al lig je verstopt tussen miljoenen dadels, dat wil natuurlijk niet zeggen dat je niet met je tijd meegaat. Een ander briefje trekt mijn aandacht. *'Vraag mannen eerst om toestemming voor er een foto wordt gemaakt.'* Bedoelen ze dat ik een man om toestemming moet vragen, voordat ik een vrouw op de foto zet? Welke man moet dan toestemming geven? Haar man? Of mogen alleen mannen, na toestemming gefotografeerd worden? Het briefje zorgt eerder voor verwarring dan voor duidelijkheid.

De man zet een aardenwerken schaal vol met donkere, glanzende dadels voor ons op tafel. Smullen. We bestellen een sapje en genieten van een wereldstekkie. Er komen nog een paar toeristen binnendruppelen.

Het dorpje is echt een bezoekje waard; we lopen omhoog, omlaag, stappen op grote treden, smalle treden, gaan regelmatig opzij voor een ezel die grote zakken cement op zijn rug vervoert en blijven knikken en lachen naar de bewoners. Iedereen is hartelijk, behalve die ene stevige vrouw; zij vindt al die toeristen duidelijk niets. Dat mag.

Soms mogen we ergens niet in, maar als vanzelf cirkelen we weer naar boven waar onze auto staat. Oman doet het goed; het oude wordt op een mooie, natuurlijke manier verweven met het nieuwe.

De souk en het fort zijn 's avonds sfeervol verlicht. Zoals overal in Oman is het ook hier rustig. Je hoort nergens muziek, waar met name in Afrika de trommels nooit ver weg zijn, staat hier zelden een radio aan. Heel af en toe zien we iemand naar de televisie kijken. Mensen maken geen kabaal, praten op een beschaafde toon met elkaar en dat zorgt voor een prettige sfeer.

We gaan op zoek naar een lokaal restaurant. Daarvoor gelden onze eigen regels die we in de loop van de jaren hebben verzameld en die voor alle landen gelden. Plastic stoelen buiten, TL-verlichting binnen, eigen mensen die lekker eten, niet bij elkaar passend serviesgoed en bestek; dan weet je dat je goed zit. Lekker, onopgesmukt eten, snelle bediening en dat alles voor een paar centen. Op de parkeerplaats hebben enkele mensen hun kook- en bakatributen uitgestald. Mannen zijn aan bakken en braden. Precies wat wij zoeken.
'Proef maar,' zegt de man als hij mij ziet kijken, hij voegt de daad bij het woord en geeft mij een lepel gevuld met het gele prutje.
Hij roerbakt maiskorrels en doet er allerlei kruiden bij. Het smaakt goed.
'Oké, doe maar een bakje,' zeg ik iets te enthousiast.
Een lepel vol of een bakje vol, daar zit nogal wat verschil in. Pff, dat eten we niet allemaal op. Ondanks ons motto dat je alles eens moet proberen en je bordje leeg moet eten, laten we toch de rest maar staan... De wraps die we bestellen smaken heerlijk. We bestellen er nog eentje.
Alle andere gasten zijn mannen en jongens. De vrouwen en meisjes zullen wel thuis eten. Het openbare leven zoals wij dat zien, speelt zich grotendeels af in een mannen- en een vrouwenwereld.
Overdag zie ik al erg weinig alleen lopende vrouwen, in de avond blijven de meeste vrouwen helemaal thuis.

Toch zie ik hier, in tegenstelling tot Dubai, wel heel veel vrouwen autorijden. Ook minder vrouwen dragen hier een totaal bedekkende gezichtssluier. Als vrouw, reizend door het Midden-Oosten, blijven dit soort dingen mij continu opvallen.

De Grand Canyon van Oman

*D*e werelderfgoedlijst van de UNESCO vond het fort van Bahla zo belangrijk dat het op deze prestigieuze lijst is geplaatst. Het fort wordt beschouwd als het oudste van Oman en werd al zo'n duizend jaar voor Christus gebouwd lees ik in de gids. Zouden de Omani dat zelf ook zeggen, zoveel jaar voor Christus? Of heeft Allah een eigen jaartelling?

Bahla ligt op vijfenveertig kilometer van Nizwa en we zijn er snel. Zoals altijd is de lucht weer smurfenblauw en het asfalt prima. Zo gauw we in Bahla zijn, ga ik op zoek naar een apotheek. Ik ben zo vreselijk verkouden, niet ongebruikelijk voor mij, thuis niet en jammer genoeg ook niet op reis. Apotheken zijn overal te vinden; de voorraad is top en ik heb snel wat ik graag wil hebben: neusspray!
Met een frisse neus lopen we naar de souk, waar opmerkelijk veel van de dikke, houten deuren nog gesloten zijn. In een van de winkels die wel open is, zitten drie oudere heren in hun traditionele kleding in de ingang en knikken me toe; ja hoor, maak maar een foto. Het resultaat stemt hun tevreden.
'Dit is een nieuwe souk, nog niet alle winkels zijn in gebruik,' legt een man uit in een winkel die ons rond ziet kijken.
Hij spreekt erg goed Engels en wil graag een praatje maken.
'Kom, we gaan Omani-koffie drinken,' nodigt hij ons uit.
Buiten, onder een oude, stoffige boom ligt al een groenrode mat uitgerold. In het water in een aluminium schaal

dobberen vier kleine, ronde kommetjes. In een blauw plastic bakje liggen uitgespuugde dadelpitten en in een gevlochten rieten schaal ligt een dikke klont dadels. De thermoskan met koffie staat klaar. Kregen we in Ethiopië vaak koffie met popcorn aangeboden, hier serveert men verse dadels bij de koffie.
Jan doet zijn sandalen uit en gaat op de mat zitten. Ik trek mijn jurk nog wat verder over mijn benen en ga op het muurtje zitten. Er gaan nog wat mannen behendig op de mat zitten, hun dishdasha worden netjes om de benen gevouwen. De man loopt naar zijn winkel, komt terug met een dik kleed en legt, zonder een woord te zeggen, het kleed discreet over mijn benen. Natuurlijk. Ik doe net alsof ik dit de gewoonste zaak van de wereld vind en blijf kuis zitten met het dikke, zware kleed op mijn benen. De mannen op de grond voelen zich misschien wat ongemakkelijk omdat ik wat hoger zit dan zij. Iedereen die voorbij loopt groet ons hartelijk. Het kleed wordt steeds zwaarder, de kopjes zijn snel leeg gedronken: het wordt tijd om verder te gaan. We bedanken iedereen vriendelijk, ik vouw het kleed netjes op en geef het aan de man die het zonder een spier te vertrekken van mij aanpakt.

Jan rijdt naar het fort, dat schaamteloos staat te pronken in de zon en zich duidelijk bewust is van zijn belangrijke positie.
Het is weer een gigantische kolos. Zo'n twaalf kilometer aan muren, op sommige plekken wel ruim vijf meter hoog, wat lang genoeg is om het hele dorp als het ware te omarmen. De restaurateurs hebben een hele klus aan dit fort gehad. Er was namelijk weinig tot geen fotomateriaal voorhanden waar het fort nog in betere tijden op stond. Het was nog een hele uitdaging om het fort zo authentiek

mogelijk weer op te knappen. Op een oude foto uit 1885 waren nog twee grote windtorens te zien, torens die nu afwezig zijn. Nu moet ik zeggen dat dit fort ook zonder de torens er meer dan indrukwekkend uitziet.

Via Al Hamra rijden we langs het dorpje Wadi Ghul waar we direct stoppen bij een parkeerplaats. Die is hier natuurlijk niet per ongeluk aangelegd, en we hebben een schitterend uitzicht op het stadje Hisn Tamah dat als magisch tegen de bergwand aangekleefd lijkt te zijn. Weer zo'n serie rommelige huisjes waar vroeger mensen hebben gewoond, geleefd en gewerkt. Nu staan er moderne huizen. Waarom ook niet? Wij zijn toch ook blij dat we niet meer in plaggenhutten wonen. Toeristen kunnen soms zo verkrampt doen, zijn dan teleurgesteld dat ook in andere landen de moderne tijd binnenkomt; vooral als ze er zelf niet hoeven te wonen.
Palmbomen staan in een rij opgesteld en groene velden worden bewerkt door de mensen. Stenen irrigatiegeulen bewijzen dat het eeuwenoude systeem toch nog steeds gebruikt wordt. Alles ziet er zo netjes en opgeruimd uit. Er staan nog een paar toeristen te kijken. Tot nu toe zijn we bijna geen zelfstandige reizigers zoals wij tegengekomen. Het contact blijft bij een vriendelijk knikje.
Twee Omani-mannen hebben wat kleden opgehangen en een rijtje sleutelhangers gemaakt van wol. Dit is de eerste keer dat we dit zien. Natuurlijk koop ik een paar sleutelhangers; vaak zijn deze dingen door de bergbewoners zelf gemaakt. Het is gewoon leuk om iets te kopen ook al heb ik sleutelhangers genoeg.

Dit gebied draagt volkomen terecht de naam de Grand Canyon van Oman. Wat is het hier adembenemend mooi.

De perfect aangelegde weg voert ons steeds hoger en hoger en grijze asfaltlinten door de bergen laten zien waar we nog helemaal naartoe kunnen rijden.
Het laatste deel is alleen geschikt voor een vierwielaangedreven wagen en voert helemaal naar Jebel Akhdar, een bijna drieduizend meter hoge berg. Tussen de bergen zijn her en der nog restanten van het oude irrigatiesysteem te zien. Het is genieten met een hoofdletter. Het landschap lijkt wel vierdimensionaal.
Een kleine, wat eenzame moskee aan de kant van de weg, opgesierd met een zachtblauw randje, is een foto waard.
Langharige geiten, hun haren vol met dikke klitten, snuffelen hun kostje bij elkaar, wat ik in dit onherbergzame landschap een topprestatie vind. De dieren kunnen de schaduw opzoeken onder een ingezakte overkapping, waar ook voldoende ruimte is voor onze auto.
Op de kofferbak maak ik snel wat broodjes klaar. Onlosmakelijk komen er herinneringen aan Namibië bovendrijven. De harde, rauwe bergen die er allemaal zo ongenaakbaar uitzien, de heiige lucht, het spaarzame verkeer en de natuurlijke stilte van de natuur. Wat moet het een ongelofelijke klus geweest zijn om hier een weg aan te leggen.

Waar het asfalt overgaat in dirtroad draait Jan de auto. Voor mij houdt hier de weg op. Jan durft wel verder te gaan; hij geniet van dergelijke wegen. Ik heb meer moeite met dit soort spannende wegen. Ik ben bang om vast te komen zitten op een plek waar dan net niemand meer langskomt om te helpen. Misschien moeten we dan wel overnachten in de auto. Mijn fantasie is eindeloos.
Grotere auto's rijden ons voorbij; wij rijden naar een coffee shop die we op de weg hier naartoe hebben gezien.

Ook op deze afgelegen plek is uiteraard een coffee shop. Het ziet er spic en span uit en de man kijkt blij als we zijn zaakje binnenstappen. Het is weer een Indiër die op deze eenzame hoogte aan het werk is.

Binnen zit een man op zijn gemak een warme maaltijd weg te werken. De koffie nemen we mee naar buiten; we gaan op het afgeschermde terras zitten. Buiten is altijd zoveel meer te zien.

Ik ben vergeten om te zeggen dat we geen suiker in de koffie hoeven...

Naar de kust

*H*et is bijna driehonderd kilometer naar Sur, het stadje aan de Golf van Oman. Sur, waar mannen uit India en Pakistan nog op een traditionele manier de houten vrachtboten bouwen: de dhows! Houten boten waarmee men de zee opgaat.
Zoals zo vaak is de weg naar de bestemming al een reis op zich. Er wordt hard gewerkt om het in mijn ogen al goede wegennet nog beter te maken. Grote viaducten verraden dat er nog meer nieuwe wegen komen. De bewegwijzering is weer in het Arabisch en het Engels. De omgeving is wederom van een rauwe en eenzame schoonheid, waar kamelen ongestoord rondsjokken, de vaak geniepig in het wegdeksel aangebrachte verkeersdrempels de chauffeur tot constante alertheid dwingen en waar het kijken nooit verveelt. Plaatsjes verschijnen in beeld en verdwijnen weer; plaatsen waar we nooit zullen komen. Aan beide zijden van de weg poppen regelmatig kleine huisjes op. We komen er niet achter waar deze voor dienen, we gokken op bushaltes. Maar... waar zijn dan de bussen? Bij een van deze hokjes stoppen we en beslissen dat dit een perfecte plek is voor onze koffiestop. Dit met volledige instemming van elke voorbijganger. Iedereen zwaait of claxonneert naar ons. Wat hebben we al vaak op de meest merkwaardige plekken van de wereld koffie gedronken. Beelden glijden door mijn hoofd. Er is zelfs een kraan in dit gebouwtje. Misschien wordt het wel gebruikt om te bidden. Ik ruim alles op en we gaan verder.

'Kijk, zie je dat?' wijst Jan enthousiast. 'Daar zijn de rode zandduinen al. Even kijken.'
Voordat ik kan reageren rijdt Jan de verharde weg al af, om niet veel later muurvast te zitten in het bedrieglijke harde zand, dat allesbehalve hard en lekker los is. Jan geniet altijd van dit soort dingen, dingen waar ik het warm van krijg.
'Ga jij maar achter het stuur zitten, geef voorzichtig gas wanneer ik een seintje geef, dan duw ik de auto. Als ie los schiet, rijd dan maar door tot aan de weg. Ik loop dat stukje wel.'
'Oké.'
Jan duwt met alles wat ie heeft de auto aan, ik geef gas, de wielen krijgen weer grip en langzaam rijd ik naar de verharde weg en slaak stilletjes een diepe zucht. Jan krijgt een lift aangeboden van een paar mannen, is een paar tellen later daarna ook bij de weg en stapt in de auto. Een paar minuten later rijden we het stadje Al Qabil in, waar het werkelijk uitgestorven is. In de schaduw van een groot fort, waar anders, eten we onze lunch op, en belooft Jan plechtig dat hij vanaf nu braaf op het asfalt zal blijven…

Via booking.com hebben we voor een paar nachten een kamer geboekt in het Leading Wings Beach Hotel in Sur. Over een grote hangbrug rijden we de stad binnen en zien binnen een paar minuten het hotel al. De receptionist haalt onze reservering tevoorschijn en brengt ons naar de eerste verdieping.
'Jullie krijgen voor hetzelfde geld een upgrade, een kamer met uitzicht op zee,' zegt de man op vriendelijke toon in moeizaam Engels.

Hij trekt het gordijn open en ik zie geiten en kippen ronddrentelen op het strand. Het gratis parkeren betekent parkeren op het strand. Jan parkeert de auto pal onder ons raam met uitzicht, waar de rollende zee het lawaai van de dieren overstemt. Het strand is een vergaarbak van rommel. Er staat een niet afgebouwd cementen gebouwtje en putringen liggen vol met afval.
Onze kamer is een zogenaamd hotel-appartement zoals je die hier veel ziet. Een zitkamer met een bijzonder geriefelijke, donkerbruine bank, een grote stoel en een tafel van hetzelfde stoffen materiaal als de bank. Achter twee afgesloten deuren vermoed ik nog twee kamers. Een omkrullend kleed ligt op de vloer. Een keuken zonder potten en pannen of een gasstel, maar wel met een koelkast. Prima badkamer, de slaapkamer heeft een groot bed en een kaptafel waar een bidkleedje op ligt. Marmeren tegels maken het weer tot een feestje om op blote voeten te open. Heerlijk, wat een ruimte.

De receptionist komt een paar handdoeken en vier zakjes shampoo brengen. Ik kijk in de spiegel naar mijn haar. Ik zie niets opvallends.

Geniet van mijn land

*V*olgens de verhalen vormde Sur, samen met de plaats Sohar, ooit de thuisbasis van Sinbad de zeeman. De wereldberoemde zeeman die in een houten dhow het water opging. Geen idee of het klopt, maar ik ben altijd onmiddellijk bereid dit soort leuke weetjes klakkeloos te geloven.

We rijden de stad in en zien opvallend veel donker gekleurde mensen. Meisjes met zwart kroeshaar waarin felgekleurde haarspeldjes het haar nog mooier maken. Veel vrouwen, niet in het sombere zwart, maar in omslagdoeken waar ik vrolijk van word. Er zit hier meer kleur in de mensen. Nu is een havenstad per definitie een plek waar veel vissers en zeelui uit alle delen van de wereld komen. Mannen die vaak meer achterlaten dan alleen hun voetstappen en geld. Ook heeft Oman in vroegere tijden een merkwaardige band met het eiland Zanzibar gehad, het kruideneiland voor de kust van Tanzania.
In 1690 nam de toenmalige iman van Oman Zanzibar over van de Portugezen. Merkwaardig, hoe kun je nu een land overnemen? Zanzibar werd steeds belangrijker voor Oman en de sultan besloot in de negentiende eeuw dat dit Afrikaanse eiland dé plek was om mooie paleizen en tuinen te bouwen. Die paleizen staan er nog, tenminste toen Jan en ik er in 1997 waren hebben we heel wat van deze zandkleurige, vervallen gebouwen gezien.

De sultan ging dood en zoals dat dan meestal gaat, kregen zijn zonen dikke ruzie over de erfenis; waarbij de ene zoon Zanzibar erfde en de andere Muscat en Oman.
Dat verklaart de donkere bevolking, de restaurants die Zanzibar-eten op het menu hebben staan en de spelende, zwarte kinderen, die waarschijnlijk geen idee hebben van deze geschiedenis. Had ik tot voor kort ook niet. Al reizend leren we veel.

Ik heb een zwak voor havenplaatsen en zeedorpen. Op de een of andere manier is de sfeer altijd wat losser, net alsof hier altijd meer kan en mag. Een plek waar veel mensen komen, waar handel wordt gedreven, waar mensen uit de hele wereld komen en gaan, dat drukt onherroepelijk een stempel op de stad. De zeegeur die door de stad waait, de krijsende meeuwen, een lichte visgeur en dan de zee zelf. De zee die geeft en neemt, die eeuwen geleden al tegen de kustlijn beukte en dat over vele eeuwen nog zal doen.
De rotondes in de stad, men houdt in Oman erg van rotondes, hebben allemaal een beeld dat recht doet aan deze havenstad. Ik zie stenen dolfijnen, een anker, een boot en een stuurwiel voorbij komen.
Jan heeft de kaart bestudeerd en weet feilloos de haven te vinden waar de opgeknapte dhow 'Fatah al Khair' ligt. Een boot die ongeveer vijfenzeventig jaar oud is en vele jaren zoek was. Jaren geleden is deze boort teruggevonden in Jemen; wat ik dan weer een merkwaardig feitje vind. Hoe raakt een mens in hemelsnaam een boot kwijt, die je vervolgens weer terugvindt?
Niks geen controle, of een entreekaartje kopen. Niemand die hier een oogje in het zeil houdt. We duwen het hek open en zien de indrukwekkende boot fier staan. Een

groepje Italiaanse toeristen komt ons tegemoet lopen. De toeristen die we tegenkomen zijn opmerkelijk vaak Italianen. We hebben de boot helemaal voor ons alleen.
Toen men deze boot teruggevonden had, kreeg een plaatselijke, gepensioneerde kapitein de opdracht om de boot weer naar Sur te brengen. De plaatselijke bevolking zamelde geld in; men wilde graag deze boot als bewijs van het maritieme verleden van de stad terug hebben.
Ik vind het gewoon een mooie, houten boot en heb diep respect voor de mannen die hier de oceanen mee op durfden. De blauwe sierrand die het hout opleukt past naadloos bij de blauwe hemel. Het is exact dezelfde kleur. De Omaanse vlag wappert fier in top. Naast deze boot staan een paar kleine, houten bootjes die bijvoorbeeld dienst deden om gestrande boten te helpen, om mee te vissen of om goederen over een kleine afstand mee te vervoeren.

De dhow is een typisch schip van de Arabische wereld. In verhouding met andere boten hebben de dhows een diepe laadruimte en daarom heeft men weer veel bemanning nodig. Het meest karakteristieke aan deze boten zijn toch wel de bollende zeilen. Zo hebben Koeweit, Qatar en de Verenigde Arabische Emiraten allemaal op de een of andere manier wel iets van een dhow in hun wapens of logo's verwerkt. Het dure hotel in Dubai, waar we zelfs nog niet naar binnen mochten, Al Arab, is helemaal ontworpen in de vorm van een dhow. Natuurlijk zijn er onderling verschillen. Volgens de informatie is deze dhow eigenlijk een *ghanja*. Het is overduidelijk, de ene dhow is de andere dhow nog niet. Niet gehinderd door veel kennis, vind ik het gewoon een mooie boot.
Drie jongens lopen rap over de dikke stenen die aan de kade liggen, gooien hun vissnoer het water in en hopen

natuurlijk op een dikke vis. Een grote, rode emmer is berekend op een grote vangst. Wanneer gaan kinderen hier toch naar school?
Een paar honderd meter verderop is de dhowwerf waar mannen uit India hard aan het werk zijn om een nieuwe dhow te bouwen. De Omani-mannen zijn deze traditionele manier van bouwen niet meer machtig. Gemiddeld worden hier nu twee boten per jaar gebouwd. Wat rommelige, houten huisjes, waar op drooglijnen mannenkleding hangt, bewijzen dat de mannen hier ook wonen. Het mag dat wat armoedig aandoen, veel Indiërs zijn dolblij met een baan in Oman en zijn hier vaak beter af dan thuis. Deze mannen werken hard en sturen veel van het geld naar hun familie in India. Gezinnen die achterblijven en ook niet in aanmerking komen voor een visum in Oman. Oman wil alleen de werkers zelf.
'Kom maar boven,' beduidt de man op de boot.
We lopen de houten, steile trap op, waar mannen aan het timmeren, schaven en schuren zijn. De geur van hout is een lekkere geur en brengt herinneringen aan mijn vader naar boven. Een timmerman in hart en nieren en dol op hout. Op een enkele schroef na wordt er uitsluitend met hout en touw gewerkt. Mijn vader had dit helemaal geweldig gevonden. De mannen zijn bezoek gewend en werken rustig door. Heel bijzonder dat dit allemaal zomaar te bezichtigen is. Geen regels of bordjes die ons tegenhouden. Wees van harte welkom om alles te bekijken wat we hier maken.

'Waar kom je vandaan?' vraagt een Omani-man.
We maken een praatje.
'Geniet van mijn land,' zegt de man en loopt verder.

Omani-mannen zijn trotse mannen, trots op hun land, op wie ze zijn, op wat ze willen en op datgene dat ze al bereikt hebben. Dat Omani-mannen hoffelijk zijn tegen westerse vrouwen staat buiten kijf. Overal word ik even vriendelijk bejegend en overal voel ik me prima op mijn gemak.

Volgens de informatie op een van de bruine verkeersborden, die altijd verwijzen naar iets interessants, moeten we naar Khawr Jirama. Geen idee waarom, maar af en toe moet een mens zich laten verrassen. De grootste verrassing is echter een bord dat de reiziger attendeert op een tijger. Tijger?
'Ja, kijk maar,' lacht Jan en wijst naar een grillig uitsteeksel op een rots.
Iinderdaad in de vorm van een tijger, waarvan men door het te beschilderen een stenen tijger heeft gemaakt. Aan de ene kant een beetje kitsch, aan de andere kant staat het grappig in dit land van weinig kleuren. Weer een ander bord waarschuwt de automobilist voor geparkeerde auto's op de snelweg die gestopt zijn om naar de tijger te kijken...
Het dorpje stelt niks voor. Met de beste wil van de wereld kunnen we niets ontdekken waarom een mens hier naartoe zou gaan. De verf op de huizen bladdert af, er is geen mens te zien, de straten zijn smal en niet geasfalteerd. Sommige wegen zijn alleen maar geschikt voor een terreinwagen. Het fort is een klein fort, we zijn inmiddels hele andere forten gewend. Het is dat er ineens een klein meisje loopt, anders zou een mens denken dat het uitgestorven is. Zoals zo vaak is de rit op zich de reis.

'Hoe zou jij die berg noemen?' vraagt Jan en wijst naar een opvallend wit massief in het verdere roestig gekleurde, stenen landschap.
'Snowy Mountain,' reageer ik direct zonder er over na te hoeven denken.
De opvallende, krijtwitte rotsformatie licht de hele omgeving op en verdient een passende naam.

Terug in Muscat

*D*e weg van Sur naar Muscat is weer van een weergaloze, ongetemde rauwheid. Dat we de weg überhaupt hebben gevonden mag trouwens een wonder heten.
Een keer scoren we een bord waar 'Muscat' op staat om pas in Muscat zelf het volgende bord te zien. Jan volgt de borden waar 'Muttrah' op staat, die we gelukkig wel regelmatig zien. Borden genoeg in Oman, alleen wil dat niet zeggen dat elk bord op de juiste plek staat, laat staan in de juiste richting wijst. Stopborden staan vaak zo scheef dat we gokken voor welke weg ze zijn bedoeld.
Gelukkig weet Jan zeker dat we op de juiste weg rijden.
Er zit weinig kleur in de omgeving; dit gebrek wordt volledig gecompenseerd door de onbereikbare bergen waar deze weg, de O1, doorheen loopt. Je moet als wegenbouwer wel een ongelofelijk optimistisch karakter hebben om door deze rotsen een weg te bedenken en dat vervolgens ook nog uit te voeren. Een monsterklus. Weer wanen we ons in Namibië; dezelfde roestkleurige bergen, de spaarzame begroeiing en de immer stralende blauwe luchten. Borden waarschuwen voor rondlopende geiten. En dan de verlichting. Nooit eerder zagen we zoveel lantaarnpalen. Of het nu in deze leegte is of in de stad, bij een weg in Oman horen lantaarnpalen.

'Als je nu nog even doorrijdt, dan komt er straks aan de rechterkant van de weg een zinkgat waar ook picknickplaatsen moeten zijn,' leest Jan voor.
Dit Hawiyat Najm Park wordt dan weer opmerkelijk goed aangegeven. Tegelijk met een familie van wel veer-

tig personen, parkeren we onze auto. We zoeken een mooi plekje op en genieten eerlijk gezegd meer van de grote, picknickende familie dan van het zinkgat. Enkele toeristen zwemmen in het heldere, groenige, wat zoute water. Een trap leidt het twintig meter diepe water in. Met een doorsnee van ook nog eens veertig meter is het een heel gat. Het park rondom het grote zinkgat is netjes aangelegd: voetpaden, palmbomen en een keurig openbaar toilet.

De twee oudere mannen van de familie, letterlijk en figuurlijk grijsaards, negeren de bankjes en gaan soepel op een kleed zitten, rekken zich ontspannen uit en gaan gestrekt liggen. De kinderen vliegen alle kanten op, de vrouwen bekommeren zich om het meegebrachte eten. Een gil op strenge toon van opa is voldoende om de kinderen, de jongens, onmiddellijk te laten stoppen met stenen gooien. De jongens rennen als vrijgelaten kalveren in de lente rond. De meisjes blijven bij de vrouwen in de buurt.
De lokale mensen noemen dit gat 'Huis van de Duivel' en zo over het muurtje kijkend naar het diepe, donkere water vind ik het wel een treffende naam.
'Waar komen jullie vandaan?' vraagt de ene oude man.
'Jongens, zullen we deze mensen even met zijn allen begroeten?' richt de man zich tot al zijn nazaten.
Dat is niet tegen dovemansoren gezegd.
'Hello, hello, goodbye,' klinkt het enthousiast uit vele monden.
'Ajuus, ajuus,' juichen we zo hard mogelijk terug. Vriendelijk zwaaiend lopen we lachend terug naar onze auto.

Het blijft hartverwarmend om iedere keer het oprechte enthousiasme en de vriendelijkheid van de mensen te ervaren.

'Ja, hebbes,' roep ik enthousiast.
Iedere dag hebben we een wedstrijd: wie van ons tweeën spot de eerste kameel. Meestal verlies ik, maar dat maak ik vandaag in een klap goed. Ik rijd en dan let je toch meer op je omgeving dan wanneer je ernaast zit. Op de B-weg naast de grote weg, rijdt een klein pick-up wagentje; hij gaat opmerkelijk langzaam. Uit het ene raam hangt een touw waar een kameel aan vast zit. Soms zit het mee; er komt direct een tankstation met parkeergelegenheid waar ik de auto snel parkeer. We lopen richting kameel en wagen. Jazeker mogen we foto's maken. De man wil zelf ook wel graag op de foto. Dat kan altijd en nee, hij heeft geen e-mailadres. In Nederland zien we vaak mensen op de fiets even snel de hond uitlaten, maar een kameel uitlaten...

Het is duidelijk dat de moskee van Muscat niet op ons zit te wachten. De vorige keer waren we hier op een vrijdag en nu zijn we gewoon te laat. Om elf uur gaat alles onherroepelijk op slot. De moskee is gesloten voor bezoekers. Een bord wijst de bezoeker erop dat het ten strengste verboden is om kleding te verhuren of te verkopen aan de mensen die niet de juiste kleding aan hebben.
Het is lunchtijd; de Indiase mannen die hier aan het werk zijn, hebben hun schoenen uitgedaan en doen een tukkie op de harde, marmeren vloer. Hun etensbakjes zijn leeggegeten, omgespoeld en liggen te drogen naast de schoenen.

Jan rijdt zonder problemen direct naar het Naseem Hotel, waar dezelfde man nog achter de balie staat.
Hij herkent ons niet. Mijn telefoon herkent het hotel wel, pikt direct het Wi-Fi signaal op en begint te rammelen in mijn tas. Omdat toeval niet bestaat, krijgen we weer kamer 404 op de vierde verdieping, waar dezelfde losliggende plank in de gang als vanouds onder mijn voeten beweegt.

Muttrah voelt vertrouwd. Nieuwe cruiseschepen hebben nieuwe passagiers gebracht. De houten dhows lijken kleine speelgoedbootjes tegen de flathoge cruiseschepen. Het contrast kon niet groter zijn.
Een paar mannen hebben van een nood een deugd gemaakt. Bij een stoeprand zijn een paar tegels uit het trottoir verdwenen. De mannen hebben enkele stukken karton neergelegd en zitten met volle aandacht een spel in het zand te spelen. Balletjes wisselen snel van eigenaar. Drie andere mannen kijken aandachtig toe.

Volgens onze informatie wordt de grote moskee in de avond mooi verlicht; we wagen nog één poging. Ook al kunnen we dan niet meer naar binnen, van buiten bekijken kan natuurlijk altijd. Eerlijk gezegd valt ie ons wat tegen. De moskee en wij liggen elkaar blijkbaar niet.
'Jan, kijk daar eens,' wijs ik naar links als ik wat om me heen kijk.
In de verte staat een juweel van een moskee te pronken. De minaretten en de drie koepels, in de vorm van hotelbellen, lijken wel van glas en stralen aan alle kanten licht uit. Geen idee hoe de moskee heet, geen idee hoe er te komen, geen idee waarom we dit gebouw niet eerder hebben gezien.

Zo om me heen kijkend op deze donkere avond, op een parkeerplaats in Muscat waan ik me in een Arabisch sprookje van duizend-en-een-nacht. Whow, wat is dit ongelofelijk mooi!

Tempels en kerken

*D*e bruine met geel gestreepte Big Buses rijden elke dag van het jaar hetzelfde rondje door Muttrah en Muscat. We vinden ze erg duur. Op zich een meer dan prima manier om als lopende toerist, zonder eigen vervoer, de stad te verkennen. Nu zijn we dubbel zo blij met ons eigen vervoer. In de stad rijden is geen probleem, parkeren lukt ook iedere keer vrij snel, maar om te kunnen gaan, staan en stoppen waar we dat zelf willen, is het ultieme vrijheidsgevoel.
Jan bestudeert de route van de Big Bus, een rondje van ongeveer zestig kilometer. We pikken er een paar dingen uit zoals tempels en kerken; een beetje tegenwicht voor alle moskeeën. Muscat verdient een tweede kans.
In het islamitische sultanaat van Oman is gelukkig ook ruimte voor andere godsdiensten en levensovertuigingen. Ten eerste vind ik dat elk fatsoenlijk land open moet staan voor andersdenkenden en ten tweede, als je al je personeel uit andere landen haalt, haal je automatisch ook hun geloof en cultuur binnen. Je kunt en mag niet verwachten dat mensen dit bij de grens achterlaten. De eerste tempel ontdekken we bij toeval.

Bij een gebouw zien we veel bedrijvigheid. Het gebouw staat midden in een woonwijk in oud-Muscat. Er lopen veel Indiase mensen rond, een verkoper verkoopt voor de ingang vers kokosnotensap en een bord maakt ons duidelijk dat bezoekers niet welkom zijn. Een rondje lopen om de sfeer te proeven kan altijd. Jan parkeert de auto en we lopen naar het gebouw.

'*Hari Krishna*, kom, kom binnen. Zij zal jullie rondleiden,' zegt een vrouw en wijst naar een vriendelijk lachende vrouw met het haar strak in een wrong in haar nek, een kleine, rode stip tussen haar keurig geëpileerde wenkbrauwen, bril op haar neus en een groene sari aan.
In haar hand een telefoon en een grote, leren handtas. Ons bezoek wordt zeer op prijs gesteld. Snel doen we onze schoenen uit, lopen door de entree van het gebouw dat veel groter is dan dat het op het eerste oog lijkt.
'Wij zijn een hindoeïstische tempel,' wijst de vrouw op een afbeelding van de god Shiva en Ganesha, de dikke heilige met zijn olifantenhoofd.
Een man zit op de grond en schenkt water over een beeld. Ik kan de vrouw soms niet goed verstaan maar ik begrijp van haar dat dit beeld te allen tijde nat moet zijn. De man reikt ons een glas water aan dat we beiden even aan moeten raken. De man gooit het glas leeg over het beeld. De man geeft mij vervolgens een oranje bloem en Jan krijgt een gele bloem en twee bananen. Overal zitten mensen, kinderen lopen rond, er wordt eten uitgedeeld en de sfeer is erg aangenaam en ontspannen. Er voegt zich een andere vouw bij ons. Ook zij draagt een mooie, hardroze sari over een zwart T-shirt. Op haar voorhoofd een rode stip, dunne witte streepjes lopen vanaf de scheiding van haar haar over haar voorhoofd om te eindigen in een forse verfvlek op de brug van haar neus. Meer mensen dragen deze versieringen. Ik snap niets van dit geloof, maar het heeft een vrolijke en vooral kleurrijke uitstraling waar ik blij van word. In haar armen een plastic tasje met bakjes eten.
In een van de offerblokken stop ik wat geld. Eerst nog een paar selfies met de vrouwen en dan pas mogen we

vertrekken. Jammer genoeg is de naam van deze tempel nergens te lezen en ook Bradt zwijgt in alle talen.
'Hare Krishna,' wensen de vrouwen ons in koor toe.
Wanneer we wegrijden zie ik de gouden ornamenten op de twee puntige koepels op het dak. Op de ene koepel wappert een oranje vlag, op de andere een rode en laat zo toch duidelijk zien dat het om een tempel gaat.

Nu hebben we de smaak te pakken en willen ook de andere tempel en de kerken zien. We zoeken, we vragen vele malen de weg, iedereen weet wat we bedoelen, we zoeken nog meer, rijden vele wegen en rotondes diverse keren, worden steeds standvastiger: we moeten en zullen deze tempel vinden!
'Volg mij maar,' beduidt de man, die vervolgens op een motorfiets springt met een Harley Davidsonsticker en rijdt voor ons uit. 'Rijd maar achter mij aan.'
Dat is niet tegen dovemansoren gezegd, en Jan als Harley Davidsonrijder rijdt met een grijns op zijn gezicht achter de sticker aan...
Raak! De koepel waarvan ik overtuigd was dat het ook een moskee was, staat op het dak van een groot complex, waar maar liefst drie kerken en de gezochte tempel onder vallen. Dit hadden we nooit op eigen houtje gevonden.
Bewegwijzeringen naar tempels en kerken zullen in een islamitisch land misschien toch wel wat gevoelig liggen.
Jan rijdt het propvolle parkeerterrein op, waar net een auto voor onze neus wegrijdt.
Op het witte gebouw prijkt een groot bruin bord, waar zowel in het Engels als in het Arabisch op staat 'Het Bijbel Society Centrum'.
Onder het raam een blauwwitte afbeelding van een wereldbol en een bijbel met de tekst: *Gods woord leeft voor*

allen. De St. Thomas Church in Oman biedt onderdak aan twee verschillende stromingen. Hoe de tempel heet, blijft wederom een raadsel. Hier ook weer veel vriendelijke en uitnodigende knikjes naar ons. Ons bezoek wordt duidelijk op prijs gesteld. Sommige vrouwen dragen oranje en gele bloemen in het haar en kleurige sari's om het lijf.
De indrukwekkende grote, houten deuren zijn gesloten, de trappen liggen vol met schoenen en gezang waait naar buiten. Boven de deur is in het glas-in-loodraam een witte duif gemaakt. In de omheinde tuin van steentjes, liggen eenvoudige, witte graven. Overal zijn diensten aan de gang en zijn de deuren gesloten. Deze tempel is wel een heel andere dan waar we vanmorgen waren en heeft eerlijk gezegd weinig van een tempel weg. Er komt ietwat gehaast een mevrouw in het blauw aanlopen. Ze draagt een ouderwets, blauw mantelpakje, op haar hoofd een indrukwekkende lichtblauwe hoed met een bos veren. Een bijpassende corsage op haar revers. Ze is duidelijk op weg naar een van de kerken, maar maakt graag even tijd om op de foto te gaan. Een hartelijke lach laat een gaaf gebit zien met een keurig recht spleetje tussen haar tanden.

Drie vrouwen zitten naast elkaar op de stoep. Alle drie stevig uitgevallen, de nagels gelakt, gouden sieraden op en in het lijf, de zwarte haren in een dikke paardenstaart. De sari's een explosie van kleuren: koningsblauw, hardroze met gebroken wit en donkergroen met geel. Tuurlijk willen ze op de foto. Een vader poseert graag met zijn nors kijkende dochtertje in haar zwart met roze prinsessenjurk. Ook hier weer veel vrolijke en blije mensen die duidelijk genieten van deze vrije dag en lekker bijkletsen met iedereen.

Veel rotondes zijn verfraaid met straatkunst, kunst die ik vaak wat pompeus vind. Aangezien veel beelden weer zo Arabisch zijn, geniet ik er toch van. Vooral de goudkleurige koffiepotten met dito bekers zijn grappig en mooi om te zien. Het is met name zo mooi, omdat het zo afwijkt van wat wij in Nederland zijn gewend. Prieeltjes nodigen uit om even te stoppen, te genieten en uit te rusten.

Als vanzelf komen we uit in Qantab waar de weg ophoudt en de zee begint. Twee surfers dobberen op hun planken en wachten op de perfecte golf. Het water is smetteloos blauw, vissersboten liggen op het strand, van aangespoeld hout zijn kleine huisjes gebouwd, mannen in hun dishdasha's lopen tussen de boten en praten waar mannen over praten. De rotsen zijn weer streng en ruw, de zon overgiet alles met haar stralen en de zee zal het allemaal een rotzorg zijn. De zee is oppermachtig en bepaalt het leven hier aan de Golf van Oman. De zee die levens neemt maar ook veel geeft en dat laatste is zicht- en ruikbaar op de vismarkt op een steenworp afstand van ons hotel.

De markt is klein, de vissen groot. Vissen worden in kruiwagens aangevoerd, beknepen, bevoeld en even achter de kieuwen kijken schijnt de juiste methode te zijn om de vis op versheid te controleren. Er wordt door sommige mensen groot ingekocht. Dat zal wel voor de restaurants en de hotels zijn. Een vrouw koopt een paar vissen voor haar gezin. Op één vrouw na, wordt alle vis door de mannen verkocht. De vrouw oogt als een eigenzinnige vrouw in haar lange broek, witte hoofddoek, oranje jasje en blote voeten in teenslippers. Iedereen heeft zijn eigen afgebakende ruimte en zit zo te zien geriefelijk op een matje tussen de koopwaar, die soms in onherkenbare brokken is gehakt. In koelauto's wordt nog meer vis aangevoerd. Voor sommige oudere mannen is het duidelijk een uitje om hier rond te lopen. Zij hebben het harde werken voorgoed achter zich gelaten en kijken ontspannen om zich heen.

Oman op zijn mooist

*V*olgens Jan zijn nieuwe kaart, die al bijna uit elkaar valt, moet de weg van Muscat, routenummer tien, een van de mooiste routes van Oman zijn. Langs dorpjes, nederzettingen, over goede wegen om dan uiteindelijk in Al Khabourah aan de kust uit te komen. Een rit van circa 250 kilometer.

Het heeft geregend; niet dat wij er ook maar een druppel van hebben meegekregen. Grote plassen langs de kant van de weg, dikke plukken gras en rommel liggen aangespoeld op en langs de weg, bewijzen dat het weer ook heel anders kan zijn dan de altijd blauwe luchten en stralende zon zoals wij het tot nu toe hebben meegemaakt. Kleine poeltjes met water verschijnen op de weg. Via een stop in Barka, waar de wegen echt te lijden hebben gehad van het vele water, willen we eerst het kasteel negeren. Toch kunnen toch de verleiding niet weerstaan om een rondje om het gebouw te rijden. Het moet gezegd, het is weer een schoonheid in al zijn eenvoud. De kastelen, burchten of forten -*what is in a name*- staan allemaal zo gewoon en vanzelfsprekend als het maar kan in de steden. Het gewone leven drapeert zich op een natuurlijke manier om de forten heen.
Jan pikt de route weer op en de omgeving is van een zeldzame schoonheid. De onverwoestbare bergen lijken weer vijf dimensionaal, de weg danst door de omgeving, er is weinig verkeer en klautergrage geiten klimmeren langs de weg, in de bomen of boven op een berg. Zelden hebben we zo'n tocht gereden. Net als we aan het bijko-

men zijn van een adembenemend uitzicht, waar dorpjes als gebakjes in een vitrine liggen, komt er om de hoek zo mogelijk een nog mooier uitzicht.
'Mm, het is nog mooier dan in Namibië,' zegt Jan op een aarzelende toon; zijn stem klinkt zelfs wat beschaamd.
Hij schrikt van zijn eigen opmerking. Het is net alsof we overspel plegen. Namibië, ons favoriete land.
'Deze route komt met stip binnen in de top drie,' zegt Jan stellig.
Onze bedoeling was om eerst in Rustaq te overnachten, een stadje ergens halverwege de route. De plaats heeft weinig te bieden, er schijnt maar een hotel te zijn met alleen maar slechte beoordelingen. Niet dat we ons door recensies laten leiden, maar als er niemand positief is...
De stad heeft wel een goed gerestaureerd kasteel en de lekkerste cappuccino tot nu toe. In een coffee shop zijn we net op tijd. Voor de zaak op slot gaat voor de lange middagpauze, serveert de man ons een verrukkelijke koffie in een papieren beker. Met chocolade heeft hij er een hartje op gemaakt. Wat kan ik toch altijd genieten van dit soort kleine gebaren.

De schade door het vele water is nog niet overal hersteld. Gaten in de weg, diepe plassen waar Jan met een grote grijns op zijn gezicht doorheen rijdt. Af en toe zien we op garageboxen lijkende kleine winkeltjes aan de kant van de weg. Hoewel ze wel dezelfde uitstraling hebben, zijn de winkeltjes toch allemaal net weer anders. Er zit wel altijd een coffee shop bij.
Aan grote parkeerplaatsen langs de weg doet men hier niet. Soms een kleine inham waar net ruimte is voor één auto. Regelmatig popt er een klein, blikken huisje op, steevast beschilderd in de kleuren groen en blauw en

vaak met een afbeelding van een watervat. Er zitten kranen aan. Voor de dorstige reiziger? Of voor de gelovige om zich voor het gebed te kunnen wassen? Oman zorgt goed voor zijn reizigers. En dan het tanken? Jan vindt het een feestje. Voor een paar centen is de tank gevuld. Autohuur mag dan wat aan dure kant zijn, de benzine is weer zo goedkoop dat het toch in evenwicht is.

Volgens onze Bradt is er in Al Khabourah geen hotel. Het eerste bord dat we zien als we na deze toprit het stadje binnenrijden is een bord van een hotel.
'Stop, ga snel aan de kant,' klinkt het naast me.
'Moet je eens kijken, wat een kamelen, daar links. Ze steken allemaal de weg over,' roept Jan enthousiast.
Ik parkeer zo snel ik kan. Wat een mazzeltje. Zo'n tiental wedstrijdkamelen met hun jockeys steken de weg over. Op de rug van de dieren liggen blauwwitte kleden die met rode biezen zijn vastgemaakt. Op twee kamelen zitten jockeys, ze zitten, beter gezegd, hangen, achter de bult en de teugels die de mannen vasthouden moeten voorkomen dat ze eraf donderen. Eigenlijk zit zo'n jockey gewoon op de kont van het dier. Blote voeten, stokje in de hand en dan maar hopen dat deze eigenwijze dieren precies doen wat jij wilt dat ze doen. Kamelenraces zijn hier erg populair. Kamelen die aan races meedoen worden exclusief voor deze sport gefokt en getraind. Ze zijn slanker dan de huis- tuin- en keukenkameel, krijgen speciale diëten en veel training. Er gaat hier erg veel geld in om. Bedragen van één miljoen euro voor een topkameel zijn geen uitzondering. Vroeger werden kleine kinderen, hooguit vier of vijf jaar oud, op de rug van een kameel gezet Het kind werd goed vastgemaakt en het angstige gegil van het kind spoorde de kameel aan om nog harder

te gaan lopen. Tegenwoordig werkt men met robots, kleine kastjes, soms verkleed als een popje, die het dier besturen. Deze 'jockeys' worden elektronisch bestuurd door iemand op afstand. Via deze zenders kunnen er zelfs kleine zweepslagen, om het dier aan te sporen nog harder te gaan rennen, gegeven worden...
Om ze alleen de weg over te zien steken vinden we al super. Jammer genoeg is de weg waar de dieren in lopen, niet toegankelijk voor anderen. Op een teken van de voorste mensen wordt er een tandje bijgedaan en zijn de dieren opmerkelijk snel verdwenen. Jan heeft een paar mooie foto's kunnen maken.

Het enige hotel, dat dezelfde naam draagt als de plaats Al Khabourah, is een prima hotel.Op de balie staat een bordje dat dat de Filipijnse gastarbeiders hier hun visa kunnen laten regelen; dat verklaart natuurlijk de vele Filipijnse mensen die we hier zien.
De goedkoopste kamer is helemaal goed en groot. Yep, weer eens twee stoelen en in de badkamer volop ruimte voor onze spullen. Warme douche en schone handdoeken. Sandalen uit en lekker genieten van de koele tegels. Groot bed en een grote, lage kast tegen de muur waar ik direct onze waterkoker op zet.
'Hier, heb je slippers,' komt er iemand aanlopen als ik, zonder erbij na te denken, op mijn blote voeten naar de receptie loop om om handdoeken te vragen.
Hij heeft de sloffen in zijn hand Een ander personeelslid komt ook al aangesneld met slofjes.
'Als je op blote voeten loopt, zakken je voeten uit en krijg je hele brede voeten.'
Drie paar mannenogen kijken allemaal bezorgd van mijn blote voeten naar mijn gezicht. Ik lach en loop gehaast

terug naar onze kamer. Ahum, brede voeten, dan waren die van mij buitenproportioneel geweest.

In de buurt van het hotel is een mooi restaurant, waar de stoelen buiten staan. Ik loop naar binnen en stoor het voltallige personeel tijdens het avondgebed. In een hoek van het restaurant is een verhoogd deel, de vloer is gestoffeerd en dit hoekje doet dienst als gebedsruimte. Zes mannen liggen geknield op de roodwitte vloerbedekking naar het oosten. Aan de muur hangt een moderne televisie. Hun slippers liggen nonchalant uitgetrapt op de marmeren vloer. Aardewerken kruiken hangen als decoratie aan de muren. Ik ben de enige die zich ongemakkelijk voelt, loop snel weer naar buiten, om gevolgd te worden door de ober die graag onze bestelling opneemt. Hij zet direct een schaaltje met dadels voor ons neer. We krijgen een waterige, groene soep, rijst, rauwkostsalade en vis. Het is de bedoeling dat we het afval op tafel gooien. Zoals altijd smaakt het lekker en is het weer te veel.

Volg ons maar

Zo langzamerhand zijn we bijna weer terug bij de grens met Dubai. Eigenlijk moet ik zeggen de grens met de Verenigde Arabische Emiraten. De cirkel in Oman is gesloten. Oman is een buurland van de Verenigde Arabische Emiraten.

Tot de VAE, opgericht in 1971, behoren zeven emiraten: Dubai, Abu Dhabi, Sharjah, Ajman, Umm Al Qaywayn, Ras al-Khaimak en Fujarah. Allemaal verschillend, door de olie wel allemaal met elkaar verbonden. Oman en de VAE worden omsloten door de Golf van Oman, de Arabische Golf en Saoedi-Arabië. Oman is maar een kleine speler op het olieveld. Saoedi-Arabië haalt tien keer zoveel olie uit de grond. Sultan Qaboos, al decennia lang de regerende sultan in Oman, gaat goed met het oliegeld om. Het land heeft, zoals we zelf deze weken hebben kunnen ervaren, een prima infrastructuur, meiden en jongens gaan allemaal naar school, de ziekenhuizen zijn van een uitstekend niveau en de wegen zijn top. Oman wordt als het meest vooruitstrevende land van dit Arabisch schiereiland beschouwd. Vrouwen werken en er zitten vrouwen in commissies die de regering adviseren. Voor mij allemaal zeer vanzelfsprekend, zelfs een beetje magertjes, maar voor dit deel van de wereld een enorme prestatie. Zeker als je het vergelijkt met buurland Saoedi-Arabië waar vrouwen niet mogen autorijden, waar alle vrouwen een mannelijke voogd hebben, waar vrouwen niet zonder toestemming een paspoort kunnen aanvragen of naar het buitenland mogen reizen.

Als vrouw in de Arabische wereld kun je volgens mij het beste in Oman wonen.
Heel veel werk wordt nu nog door buitenlanders gedaan. Er wordt hard gewerkt om dit allemaal weer door de Omani zelf te laten doen. Scholen en universiteiten spelen hier op in, zorgen voor de benodigde opleidingen zodat de Omani het werk zelf weer in handen kunnen nemen. Hoewel ik me oprecht afvraag of er wel zoveel mensen in dit land zijn om al het werk te kunnen en te willen doen. Omanisering noemt men dit proces. Tot nog toe zien wij het meeste werk door gastarbeiders gebeuren. Nog één nachtje in het sultanaat en dan de grens over met de VAE.

In de buurt van Shinas gaan we op zoek naar een hotel. In Shar zagen we het ene hotel na het andere en nu helemaal geeneen. Natuurlijk kunnen we altijd terug naar Shar maar dat is tegen Jan zijn principes.
'Moet je eens kijken,' lach ik en wijs naar een roze bankstel dat achteloos op een open terrein in de stad staat. Een zwarte hond heeft zich de ene bank toegeëigend. Wat een wonderlijk gezicht.
Er staat een politiewagen langs de weg geparkeerd; Jan vraagt aan de mannen of zij een hotel weten.
'Volg ons maar,' zegt de agent resoluut.
Dat is niet tegen dovemansoren gezegd en Jan rijdt achter de politiewagen aan. Euh, hoort dat normaal niet andersom te zijn?
'Dit was vroeger een hotel,' komt de agent uitleg geven wanneer we zijn gestopt voor een hoog gebouw met een duidelijke hoteluitstraling.
'Het gebouw heeft nu een andere bestemming. Wij komen zelf ook niet uit deze buurt, maar ik ga vrienden

bellen. Die weten wel waar een hotel is,' gaat de man enthousiast verder.

Jan heeft moeite om de veel harder rijdende auto bij te houden. Hij wil zich graag aan de verkeersregels houden, iets waar de politiemannen voor ons wat nonchalanter in zijn.

Na ruim drie kwartier stoppen we voor het Al Shallalat International Hotel. Voor een internationaal hotel zijn jullie erg moeilijk te vinden, denk ik bij mezelf.

We bedanken de mannen hartelijk en lopen de glimmende hobby binnen waar we met alle egards worden behandeld. Misschien denken ze wel dat we belangrijke mensen zijn. Niet elke gast zal onder politiebegeleiding aankomen. De lobby staat vol met plastic planten. Het nep is onmiskenbaar. Een groot poepbruin, kunstlederen bankstel maakt de inrichting compleet. Ik vind het geweldig. Het hotel is amper een jaar oud en de vreugde van het personeel is oprecht en bijna aandoenlijk.

'Welkom,' zegt de stevige receptioniste. 'Ik kom uit Egypte, waar kom jij vandaan? En bij de prijs zit ook een ontbijt.'

Ze draagt een hoofddoek en een lange, bruine regenjas. Ze komt snel achter de balie vandaan, pakt mijn hand en laat ons de ene na de andere prachtig ingerichte, luxe kamer zien.

'Welke willen jullie?'

Nou, doe kamer 104 maar, zo ver mogelijk verwijderd van de timmermannen die bezig zijn om in de lange gang enkele deuren te maken.

De kamer is helemaal behangen met goudkleurig behang, er liggen grote, vierkante marmeren tegels op de vloer en er is een badkamer met stortdouche. Een geriefelijk bed waarboven een foeilelijk schilderij hangt, in een dikke vergulde lijst, met een afbeelding van een waterval. Zelden hebben we zoiets smakeloos boven ons bed gehad. Als het zware schilderij er vannacht afvalt, is het met ons gebeurd, denk ik bij mezelf. Stoelen, een tafel en zware gordijnen die de hitte buitensluiten maken de inrichting compleet.

'Kom, kom,' zegt de vrolijke vrouw; haar enthousiasme is aanstekelijk.

Opnieuw grijpt ze mijn hand, we moeten nog meer bekijken. Ik loop braaf aan haar hand mee. Grote familiekamers met een extra slaapkamer en een woonkamer. Alles is op zijn Arabisch ingericht. Ik moet er niet aan denken om dit thuis te hebben. Onze huizen zijn trouwens ook veel te klein voor dit soort zware meubels. Toch heeft het wel wat en ik vind al dat geglim, geglans en geglinster steeds leuker.

Er is een grote tuin met kunstgras, twee zwembaden zonder water, rieten parasols, zitjes en een grote eetzaal in knalroze kleuren. Roze verlichting, roze tafelkleden en alle stoelen hebben roze hoezen. De muren zijn mozaïeken in roze. Het podium is bekleed met kunstgras. Ik kijk mijn ogen uit. Nooit eerder zagen we een dergelijke combinatie. Het voltallige keukenpersoneel loopt gezellig mee met deze rondleiding.

'Er komt nog een binnenbad bij,' vertelt de chefkok vol trots.

Voordat het zover is gaat hij er eerst persoonlijk voor zorgen dat we een lekkere lunch krijgen. Niet bestand tegen deze overmacht van oprecht enthousiasme gaan we overal klakkeloos mee akkoord. We gaan buiten zitten en eten lekker van een tosti, patat en salade.

Shinas heeft een Arabische sfeer. Bedoeïenententen in de stad, geiten en schapen worden gehoed door mannen en jongens. Het mooie asfalt maakt plaats voor dirtroad; dat zijn we niet meer gewend. Elektriciteitspalen verraden dat er achter de kale bergen nog mensen moeten wonen. Op verkeersborden staan plaatsnamen die we niet uit kunnen spreken en waar we ook nooit zullen komen. De stenen omgeving is voor mensen geen belemmering om op de grond te zitten en te picknicken. Een achttal mannen en vrouwen zit op de grond. De vrouwen opvallend vrolijk in oranje en gele omslagdoeken, zitten gezellig aan de kant van de weg te eten. Als er ergens maar een toefje gras te vinden is, zijn picknickende mensen nooit ver weg.

Naar Abu Dhabi

'*J*ullie visum is een paar dagen verlopen,' zegt de douaneman van Oman tot onze verbazing.
Hij lacht er gelukkig vriendelijk bij. Ik maar denken aan onze verzekeringspapieren of die wel in orde zijn, blijkt dat ons visum is verlopen. Ik heb geen seconde meer aan het visum gedacht. Zijn vinger wijst naar de datum waar 21 januari staat en vandaag is het toch echt 23 januari.
'Parkeer de auto maar, binnen in het gebouw kunnen jullie de boete betalen,' gaat de man verder.
Er is geen enkele interesse in onze verzekeringspapieren.
Het douanegebouw is een groot, rond gebouw waar mensen voor verschillende balies geduldig op hun beurt staan te wachten.
'Jullie moeten in die rij gaan staan; dit is de rij voor mensen die met de bus reizen,' zegt iemand als we bij een willekeurige rij aansluiten.
We zijn snel aan de beurt.
'Ik vind dat jullie maar één dag te laat zijn,' besluit de man na een blik op onze paspoorten geworpen te hebben.
'De boete is nu maar tien rial per persoon per dag. Loop maar mee, hier zullen ze jullie verder helpen.'
We belanden bij balie nummer drie. Alles wordt bekeken, er wordt een fotokopie van ons paspoort gemaakt en een jonge collega zit schaamteloos met mij te flirten terwijl hij een andere reiziger helpt. Hij steekt zijn hand door de opening in het glas, geeft mij een flesje gekoeld vruchtensap en lacht lief naar mij. Het lukt hem om Jan hierbij volledig te negeren. Jan grijnst van oor tot oor en heeft de

tijd van zijn leven. Delen met Jan kan hij nu wel vergeten; ik drink alles lekker op.
Onze beide creditcards weigeren. Grensovergangen en ik; het blijft een taaie combinatie. Gelukkig is er een ATM-machine en ik pin snel twintig rial, betaal de boete en krijg een bewijs van betaling. Met een vriendelijke handdruk neem ik afscheid van mijn twee nieuwe douanevrienden.

Snel terug naar de grensovergang, waar we netjes het sultanaat van Oman worden uitgestempeld. De volgende man, geen idee of hij nu nog bij Oman hoort of al bij de VAE, wuift ons door en we rijden een paar kilometer door een naamloos gebied, parkeren de auto bij de VAE en zijn een paar tellen later in de emiraten.

Het landschap verandert langzaam. De bergen verdwijnen, maken plaats voor rode zandduinen waar kleine stekelige, groene bosjes proberen houvast te vinden in het losse zand. Wolken komen tevoorschijn, de zon verdwijnt, het waait, het waait hard en het rode zand klettert als regendruppels tegen de auto. Zand waait als jachtsneeuw over de weg en vormen kleine en grotere bulten op die plekken waar bijvoorbeeld een steen of iets anders ligt. Het zand blijft erachter haken en binnen een mum van tijd ontstaat er dan een mini-zandduin. Kamelen stiefelen rond in de bermen en bewijzen dat we toch echt in het Midden-Oosten zijn en niet in de rode duinenzee van de Sossusvlei in Namibië. Wat een wereld.

Ineens een bord waar 'Dubai' en 'Abu Dhabi' op staan, rijden zelfverzekerd door om toch hopeloos verkeerd te rijden. Het is ons al vaker opgevallen; aan het begin van de weg plaatst men een bord om dan vervolgens pas tegen het eind van de bestemming het volgende bord te zien. Natuurlijk kijken we constant om ons heen, kletsen ook veel en missen uiteraard ook wel eens een bord. Maar toch! De overheid is wat zuinigjes met borden.

Het zand blijft rondstuiven en bij een klein wegrestaurant -de coffee shops hebben weer plaats gemaakt voor restaurants- vraagt Jan voor de zekerheid of we wel op de juiste weg rijden. Ja, we zitten goed. Rechtdoor. Op de rotonde rechtsaf en dan verschijnen de borden weer.
Het rode zand heeft plaats gemaakt voor gelig, zandbakkenzand en langzaamaan komt de skyline van Abu Dhabi in zicht, waarbij een volkomen rond gebouw, dat als een muntje op zijn kant staat, direct onze aandacht trekt. Wat een bizar gebouw. Het lukt me om er vanuit de auto een foto van te maken. Geen idee watvoor gebouw het is; daar komen we vast en zeker nog wel achter. Over een van de drie grote bruggen rijden we de stad binnen.
Als er een ding is dat deze rit duidelijk maakt dan is het wel dat Abu Dhabi een echte woestijnstad is; gebouwd in een reuzen zandbak waar elke dag de strijd tegen het zand geleverd moet worden.

'Ik weet zeker dat we aan de juiste kant zitten van de stad wat het hotel betreft,' zegt Jan. 'Nu alleen het hotel nog zien te vinden.'
Voor een paar nachten hebben we een kamer, hopelijk op een hoge verdieping, geboekt in het City Seasons Hotel. Nu alleen nog zorgen dat we er komen. Bij een benzinestation staat een taxi. Jazeker, kent de chauffeur het hotel. Taxi voorop, wij erachteraan en door het drukke verkeer zijn we snel bij het mooie hotel.

Het hotel heeft een parkeerservice. We pakken alle bagage eruit, Jan geeft de sleutels af aan een personeelslid dat ervoor zal zorgen dat de auto op een veilige plek wordt geparkeerd. Wanneer we de auto weer willen gebruiken, zal deze voor ons gehaald worden. Een luxe waar we bijzonder snel aan kunnen wennen.

Het wordt genieten van een luxe kamer met vloerbedekking -oké, het kan niet elke dag feest zijn met koele, marmeren tegels- een bureau met stoel, een luxe badkamer met allemaal flesjes en doosjes, een waterkoker, koffie en thee.
Vanaf de twaalfde verdieping komt het verkeersgeluid als vertraagd naar boven. Handdoeken zo groot als tafellakens, een bed om in te verdwalen en Wi-Fi dat door de lucht knalt. We zijn aanbeland in het allerrijkste vorstendom van deze Arabische wereld: Abu Dhabi.
Het leuke is dan toch dat er op de begane grond van al deze hoge gebouwen kleine winkeltjes, restaurants en bedrijfjes gevestigd zijn. Dat geeft wat tegenwicht aan de enorme wolkenkrabbers.
Vanuit ons raam kijk ik naar een kleine bakkerij en restaurants, waar zakenmensen snel een hapje eten. Tijd om onze buurt te gaan verkennen en we lopen het hotel uit.

Een klein, Indiaas restaurant trekt onze aandacht; we gaan naar binnen. Een andere gast is maar wat graag bereid om ons te helpen om een keuze te maken. De menukaart is voor ons een raadselachtig document.
Jan lust wel iets pittigs en bestelt *mysore masala dosa*. Een prutje van bonen, uien en niet meer te achterhalen ingrediënten. Alles verpakt in een wrap en geserveerd met twee sausjes. Ik heb *masal dosa* besteld; een heel wat

minder pittige variant; meer wrap dan vulling, waar ook nog ergens aardappelen in zitten. Het pittige zal wel in de *mysore* zitten. Flesje water erbij. Met onze handen als bestek eten we alles lekker op. Het voltallige personeel kijkt goedkeurend toe.

De allermooiste moskee van de wereld

Moskeeën domineren deze Arabische wereld, of we nu in Dubai, Oman of hier in Abu Dhabi zijn. We hebben hele kleine, bescheiden, wat suffige gebouwtjes gezien waar alleen de minaret verraadde dat het om een moskee ging. Grote, sobere gebouwen waar geen enkele luxe aan te zien was. Kleurrijke gebouwen met gouden koepels, witte marmeren moskeeën: kortom alles wat een architect kan verzinnen is hier wel gebouwd. Toch schijnt volgens velen de allermooiste moskee van de wereld hier in Abu Dhabi te staan. Ook al ben je niet van plan om in deze stad iets te bekijken, de moskee moet je zien. Het begrip allermooiste is natuurlijk arbitrair, maar dat de grootse moskee van deze emiraten in Abu Dhabi staat en deze op één na grootse van de wereld is, dat zijn gewoon feiten. Toen we de stad binnenkwamen hebben we er al een flard van gezien. Wat ik zag was al indrukwekkend en smaakte naar meer.

Jan rijdt de auto moeiteloos het stadsverkeer in. Voordat we bij de moskee zijn is het al genieten van alle strakke, hypermoderne, glazen en stalen wolkenkrabbers. Het is net een wedstrijd, wie is de hoogste, hoe lang blijft de hoogste de hoogste, wanneer wordt er weer een hogere toren gebouwd? Welke glanst het meest? Meestal hebben we geen idee welke functie een gebouw heeft.
Het verkeer duwt zich door de straten; voor verkeerslichten die opmerkelijke lang op rood staan, wordt netjes gewacht.

De Sjeik Zayed bin Sultan al-Nahjan Mosque draagt de naam van de overleden president van de Verenigde Arabische Emiraten; de man is hier ook begraven. Een onmogelijke lange naam; men heeft het dan ook altijd over de Grand Mosque. En grand is de mosque zeker.
Als een enorme slagroomtaart rijst de moskee op en domineert de hele omgeving; het hoogste punt is maar liefst 115 meter hoog. Jan volgt de bordjes om uit te komen op een groot parkeerterrein waar volop ruimte is voor al die duizenden bezoekers die hier elke dag komen. Het is uitzonderlijk dat een moskee zich openstelt voor niet-gelovigen. Iets wat ik altijd erg jammer en op een bepaalde manier zelfs wat beledigend vind. Bij bijna alle moskeeën staan bordjes dat je als niet-moslim niet welkom bent. Waarom gooien alle gebedshuizen hun deuren niet wagenwijd open? Leer elkaar kennen, begroet elkaar, leer, kijk en wie weet geniet je er wel van. Dat ik daarvoor een lange abaya aan moet, voor mij echt een dingetje, moet ik me dan maar overheen zetten. Uit vrije wil ga ik hier naartoe.

Had ik nu maar een lange broek aangetrokken, dan was een hoofddoek genoeg geweest. Mijn enkellange rok wordt toch te kort bevonden. Maar voor iemand als ik, die nooit sjaals draagt, dassen of mutsen, is iets op het hoofd gewoonweg onaangenaam. Mannen en vrouwen moeten gescheiden naar binnen; wel moet iedereen door detectie-poortjes. Vrouwen worden direct een ruimte binnengeleid waar heel veel vormeloze jurken met capuchons hangen. Vandaag ga ik voor een blauwe, mijn favoriete kleur, dat scheelt dan weer, denk ik onschuldig en zoek er eentje uit.

'Nee,' zegt de vrouw; ze pakt de jurk uit mijn handen en ruilt deze om voor een beige die me veel te groot en vooral te lang is.

Ik drapeer de capuchon zo goed en zo kwaad als ik kan over mijn hoofd. Niet te ver, want dan zakt ie over mijn voorhoofd en zie ik niets meer. Mijn handen heb ik nodig voor mijn camera en om mijn abaya op te tillen.

'Ik herkende je aan je schoudertas ,' zegt Jan, die me met een grote grijns op zijn gezicht en de camera in zijn handen op staat te wachten.

Ik dreig met vreselijke straffen als hij foto's van mij gaat maken. Hij lacht nog harder en maakt een foto. Jan kan onbelemmerd met blote armen en een driekwart lange broek rondlopen. Geen probleem.

Palmbomen omzomen het grote terrein. Het is duidelijk waar we wel of niet mogen lopen. Moskeewachters zien toe op naleving van alle regels. Zoals altijd zijn er veel mensen die nergens naar kijken, alleen met hun camera bezig zijn om de meest vreemde selfies te maken.

Het gebouw is een droom van witte, marmeren muren, glimmende marmeren vloeren, gouden ornamenten op de ronde koepels en een korenbloemblauwe hemel met bijpassende witte wolken. Zelden zagen we zo'n mooi, verfijnd gebouw. Grote koepels, kleine koepels en sleutelgatvormige openingen in de muren waar mensen naar binnen kunnen. De pilaren weerkaatsen glanzend in de glimmende vloer. Plafonds die zo smaakvol in zachte ivoren kleuren zijn bewerkt, dat het wel stof lijkt in plaats van keihard marmer. Goud, wit en blauwe kleuren overheersen. In de vloeren zijn goudkleurige bloemen afgebeeld. Plafonds waar weer grote glazen lampen aan hangen. Om de ramen zijn slingers van bloemen

geschilderd. In het glas-in-lood in de ramen zijn afbeeldingen van bloemen gemaakt in zachte blauwe en groene kleuren.
De grote binnenplaats is alleen toegankelijk voor gelovigen.

De schoenen moeten uit en zo is mijn abaya nog langer en kom ik handen te kort. Regelmatig glijdt de capuchon van mijn hoofd. Gelukkig wordt hier niemand, behalve ikzelf, warmer of kouder van. Helemaal terecht dat de schoenen uit moeten. Het groene met bloemen versierde tapijt is met de hand geknoopt en heeft een oppervlakte van ruim 5.500 vierkante meter, is aan elkaar geknoopt door 1.200 wevers, twintig techneuten en nog eens zo'n dertig andere medewerkers. Het kleed weegt 47.000 kilo en iemand heeft zitten uitrekenen dat er ruim twee miljoen knopen in het tapijt zitten. Op dit tapijt loop ik nu op mijn blote voeten. Dit allemaal te weten, voegt er wel iets aan toe. Het tapijt is daarmee het allergrootse tapijt van de wereld, en natuurlijk hangt hier ook een van de grootste kroonluchters van de wereld. Geïmporteerd uit Duitsland, heeft het een doorsnede van tien meter. Cijfers zijn zo abstract, maar dat het een juweel is, is zonder meer duidelijk. Hij is beeldschoon. Alleen, de te felgekleurde rode en groene bollampen die als discolampen onder aan de kroonluchter hangen vind ik niet mooi. Misschien heeft men dit wel met opzet gedaan. Doordat het zo afwijkt van de rest, wordt de schitterend mooie omgeving nog eens extra benadrukt. Het hele complex is van een weergaloze schoonheid.

In deze ruimte kunnen veertigduizend mannen bidden. Vrouwen hebben een eigen afdeling waar altijd minder plek is dan voor de mannen. Bezoekers komen werkelijk overal vandaan; ik hoor verschillende soorten talen om me heen. Het is genieten van de families die op familieportret gaan. Mensen gaan wat stijfjes naast elkaar staan voor een foto; het resultaat zal zeker een prominente plek in de woonkamer krijgen. De moskee-oppassers staan er niet voor niets. In hun enthousiasme lopen sommigen nog wel eens ergens waar het niet toegestaan is of denken dat het verbod niet voor hun geldt.

Dat intens geloof belijden en een goed zakelijk instinct prima hand in hand kunnen gaan, blijkt als we later bij de koffieshop en een volle souvenirwinkel terechtkomen. Mijn afgezakte capuchon mag hier afzakken; ik ben gelukkig niet de enige. Het slanke meisje achter de kassa draagt over haar blote armen een soort van panty, die haar tatoeages niet helemaal bedekt.
De koffie smaakt waardeloos, ik laat met tegenzin de dure cappuccino staan.

In een aparte ruimte trek ik snel mijn abaya uit en hang de jurk netjes op een kleerhanger. Klaar voor de volgende vrouw.

Abu Dhabi

Abu Dhabi is wat oppervlakte betreft de grootste van de zeven emiraten. Het is een bijzonder aangename stad en een stad geschikt voor auto's. De wegen zijn breed, soms wel achtbaans, er is genoeg ruimte voor iedereen en overal is voldoende parkeergelegenheid.
Op de kaart heeft Jan een paar mooie, indrukwekkende gebouwen opgezocht, die nader bekeken dienen te worden. De skyline alleen vinden we al geweldig fascinerend; iedere keer ontdekken we weer nieuwe futuristische gebouwen. De architecten zijn hier echt helemaal los gegaan; als geld geen enkele rol speelt, komt er duidelijk veel moois tot stand.

Als eerste gaan we op zoek naar dat rare, bizarre, ronde gebouw dat ons bij binnenkomst direct opviel. Ondertussen weten we dat het een kantorencomplex is. Iets in de verte zien betekent nog niet dat je er zo heenrijdt.
Hebbes. Jan parkeert de auto waar het eigenlijk niet mag, maar een paar foto's moeten we toch snel kunnen maken voordat iemand ons wegstuurt. Het Aldar Headquartersgebouw werd opgeleverd in 2009 en is het eerste in zijn soort in het Midden-Oosten. Het is een uitermate wereldvreemd gebouw en ik vind het prachtig. Het gebouw lijkt nog het meest op een oreokoekje, twee buitenkanten waar een vulling tussen zit. Een monster van glas met stalen constructies in de vorm van reuze-wybertjes.

'Kun je daar ook stoppen?' wijs ik naar een lange muur aan de kant van de weg.

Aan de rechterkant passeren we een muur met bijzonder mooie muurschilderingen. Wat een plaatjes. Nou ja, plaatjes... De schilderingen zijn meters hoog, meters breed, meters lang en alles tot in de kleinste detail perfect in de juiste verhoudingen. Hier heeft iemand, of hebben meerdere mensen -namen ontbreken- heel herkenbare Arabische taferelen geschilderd. Een vrouw met een goudkleurig masker en een spintol in haar hand. Een andere vrouw tilt haar gezichtsmasker op om wat te kunnen drinken uit een rood kommetje. Een getulbande jongen met een valk en een volwassen valkenier die bijna verliefd naar de valk in zijn hand kijkt. Een jongen die een kameel bij een teugel vasthoudt, lijkt elk moment van de muur te kunnen wandelen. Gezichten vol emoties laten de muren spreken.
Ik maak de ene foto na de andere. Achter de muur is nog de helft van het ronde Aldargebouw te zien en dat levert een wonderlijke, mooie foto op. Hedendaagse architectuur gaat hier op een vanzelfsprekende manier samen met oeroude tradities. Deze afbeeldingen, omringd door de moderne gebouwen, geven perfect de sfeer van deze regio weer. Precies zoals we het hier elke dag ervaren. Oud en nieuw lopen hier hand in hand. Tevreden kijk ik naar de zojuist gemaakt foto van het ronde gebouw en de jongen met zijn kameel. Verleden en heden gevangen in één foto.

Onze zoektocht gaat verder. Er is nog een gebouw dat we graag willen zien. Een gebouw geïnspireerd op de toren van Pisa. Af en toe rijden we een verkeerde weg in; iets wat we helemaal niet erg vinden; er is altijd wel wat te zien. Gevonden!

Wat een raar, scheef gebouw, net een blikje dat na het leegdrinken dicht is geknepen. Het gebouw is 160 meter hoog, heeft 35 verdiepingen en is een vijfsterrenhotel. De naam Capital Gate is terecht. Aan de ene kant van het gebouw lijkt een soort van metalen net gespannen te zijn. Is het decoratie of is het nodig om het scheve gebouw in evenwicht te houden? Geen idee. Maakt ook niet uit. Het is weer een wonderlijk gebouw dat hier helemaal op zijn plek is. Het gebouw staat niet een beetje scheef, maar laat de scheve toren van Pisa wat scheefheid betreft, ver achter zich. Capital Gate staat vier keer schever dan deze Italiaanse toren en is zelfs door het Guiness Book of Records erkend als het meest scheve gebouw dat door mensen is gemaakt. Kan allemaal wel zijn, ik blijf het toch een ingedrukt blikje vinden. Wel een mooi blikje, dat wel weer.

De stad fascineert met zijn buitenissige gebouwen, kunstmatig aangelegde stranden en brede voetpaden waar zelden iemand loopt. De prima infrastructuur, de klassiek geklede Arabier in zijn grote auto, de gastarbeiders in hun traditionele kleding en de toeristen met hun camera's. We lopen door het centrum en kijken dan weer heel anders tegen deze kolossen aan en het aangelegde strand waar mensen van het water, de zon en het zand genieten. De zon tovert met het koperkleurige glas in een van de wolkenkrabbers en zorgt voor vreemde, kleurige, vrolijke schaduwen op straat en alles wat zich daar op begeeft.

Een draaiend reuzenrad verleidt ons om de parkeerplaats van het Heritage Village op te rijden. Dit lijkt ons wel wat. Bij nader inzien laten we het rad het rad, lopen het dichtstbijzijnde winkelcentrum binnen en stappen in een

lift die ons in een paar tellen naar 126 meter hoogte brengt, waar we een fabelachtig uitzicht over de stad en in het bijzonder over het presidentiele paleis hebben. Een paleis dat geen paleis is maar een super-de-luxe hotel.
Bij een dergelijk uitzicht hoort een grote, schuimende cappuccino.

Het Midden-Oosten

Regelmatig noem ik het Midden-Oosten; het is geen officieel werelddeel, maar een politieke regio met historische banden. Ook op cultureel gebied heeft deze regio veel gemeen, zoals de religie en de taal. Na het uiteenvallen van het Ottomaanse Rijk in 1918 werd er voor het eerst gesproken over het Midden-Oosten of Nabije Oosten.

Het Midden-Oosten is geografisch gezien een belangrijk gebied gezien de ligging op drie continenten: Afrika, Azië en Europa. Tevens is het de bakermat van drie grote godsdiensten: het jodendom, de islam en het christendom.

De volgende landen worden over het algemeen tot het Midden-Oosten gerekend: Egypte, Jemen, Qatar, Irak, Jordanië, Syrië, Iran, Libanon, Israël en Oman.

Soms rekent men Georgië, Marokko en Tunesië ook tot deze regio.

De Arabische landen

Veel Arabische landen behoren tot het Midden-Oosten. De Arabische wereld is echter veel groter dan het Midden-Oosten. Onderstaande landen worden tot de Arabische landen gerekend:

Algerije, Bahrein, Comoren, Egypte, Djibouti, Irak, Jemen, Jordanië, Koeweit, Libanon, Libië, Marokko, Mauritanië, Oman, de Palestijnse gebieden, Quatar, Saoedi-Arabië, Soedan, Somalië, Syrië, Tunesië en de Verenigde Arabische Emiraten.

Literatuurlijst

Barton, R. *Wat & Hoe reisgids Dubai*

Doornbos, Klaas. *Schipbreuk in Oman*

Darke, Diana., Tony Walsh. *Oman (Bradt)*

Deuren, Greet van. *Oman en de Verenigde Arabische Emiraten (Dominicus)*

Elmar uitgeverij *Cultuur bewust Verenigde Arabische Emiraten*

Hamel, Jan Willem. *Reishandboek Oman*

Hoogeboom, André. *21 van Melbourne tot Abu Dhabi*

Mols, Luitgard., Birgit Boelens *Oman*

Müller, Birgit. *Oman en de Verenigde Arabische Emiraten*

Te Gast in. *Te gast in Oman*

Verlinden, Peter. *Kamelen, emirs en paleizen * Oman en de emiraten aan de Golf*

*E*erder verschenen:

Starende beelden op Rapa Nui
een reis van Paaseiland naar Peru

Ghana... een reis op het ritme van de drums
2e, herziene druk

In Namibië
kampeerreizen door het leegste land van Afrika
In het Duits te verkrijgen via **www.bod.de** onder de titel
In Namibia

Myanmar
reizen door het Gouden Land
Eerder verschenen als *Myanmar... op blote voeten door het Gouden Land*. Is als 2e druk geheel aangepast.

De drums van TIMKAT
een reis door Ethiopië

In Boeddha's schaduw
een reis door China en Tibet

Woestijnkastelen en Stadskamelen
op reis door Jordanië **1e kleintje Wombat**

De olifanten van Botswana
met een 4x4 door Moremi en Chobe **2e kleintje Wombat**

De vissers van Tanji
op reis in The Gambia **3e kleintje Wombat**

*B*en je na het lezen van dit boek, of na het lezen van een mijn andere boeken nieuwsgierig geworden naar meer verhalen?

Kijk op **www.adarosman.nl** voor lezingen (PowerPoint presentaties) die door Jan worden gegeven.

Ook vind je op deze site alle informatie over mijn boeken. Wil je echter niets missen? Elke twee maanden komt er een gratis Wombat nieuwsbrief uit, met de laatste info over onze reizen, mijn boeken, Jan zijn lezingen en leuke tips voor reizigers en/of lezers. Stuur een mail en je naam wordt op de lijst gezet.

Natuurlijk ben ik te vinden op Facebook, Twitter, Linkedin en Instagram. Misschien vind je mijn Facebook pagina '**Wombat reisboeken**' wel leuk!

Reageren? Wat vragen? Gesigneerd boek bestellen? Interesse in een boeiende lezing? Foto-expositie?

Ik hoor graag van je.

Ada Rosman-Kleinjan * reizen en schrijven
Nieuwstraat 39
7443 XM NIJVERDAL
t 0548-610539
e info@adarosman.nl
www.adarosman.nl
KvK Enschede 0818953

***** Lezers kunnen op geen enkele wijze rechten ontlenen aan de informatie zoals die is beschreven in dit boek.